Introduction

Interstate Highway Numbering System

Major Interstate routes are designated by one- or two-digit numbers. Routes with odd numbers run north and south; even numbered run east and west. For north-south routes, the lowest numbers begin in the west; the lowest east-west routes are in the south. By this method, Interstate 5 runs north-south along the west coast, while Interstate 10 runs east-west along the United State's southern border.

Connecting Interstate routes and full or partial beltways around or within urban areas carry a three-digit number. These routes are designated with the number of the main route and an even-numbered prefix. Additional radial and spur routes, connecting with the main route at one end, also carry a three-digit number, using the number of the main route with an odd-number prefix.

Interstate Exit Numbering System

The two methods of numbering Interstate interchange exits are described below. Most states use the Milepost numbering system.

The Consecutive numbering system: Starting at the most westerly or southerly point on each Interstate route within a state, interchanges are numbered consecutively. Using this method, the first exit becomes Interchange #1. Each succeeding exit is numbered consecutively as #2, 3, 4, and so on.

The Milepost numbering system: All Interstate routes are mileposted beginning at the most westerly or southerly point within the state. Mileposts, or mile markers, are the little vertical green signs on the edge of the Interstate. They are placed at one mile intervals. The beginning point is milepost '0'. If the first interchange on the route is located between milepost 4.0 and 5.0, it is numbered as Interchange #4. The next interchange, if located at milepost 8.7, would be numbered as Interchange #8, etc. With this system you can easily determine the location and distance to a desired interchange.

An exception to the numbering system is California, which uses a Post Mile system and does not display interchange exit numbers. Post miles begin and end at county lines rather than at a state border.

How to use this book

Rest Areas and Welcome Centers is designed to provide a wealth of information in an easy-to-use format. Each state is divided into sections. In the first, you'll find general rest area usage rules, phone numbers for weather information, road conditions, road construction, and state police. Tourism contact information is also listed in this section.

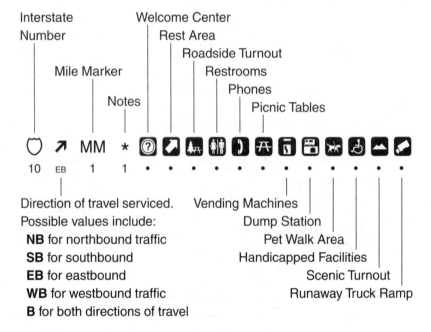

Figure 1

The next section is the Rest Area Chart as shown in *Figure 1*. Interstates are listed numerically in the first column. The next column indicates the direction of travel that is serviced by the Rest Area or Welcome Center. Column three identifies the location by using the mile marker system. *(Please Note*: California does not use the Consecutive or Milepost numbering system so we have provided approximate mile marker numbers). Notes are

Rest Areas &

Welcome Centers

Along US Interstates

Published by:
Roundabout Publications
P.O. Box 19235
Lenexa, KS 66285

800-455-2207 .

www.TravelBooksUSA.com

Please Note

Every effort has been made to make this book as complete and as accurate as possible. However, there may be mistakes both typographical and in content. Therefore, this text should be used as a general guide to Rest Areas and Welcome Centers. Although we regret any inconvenience caused by inaccurate information, the author and Roundabout Publications shall have neither liability nor responsibility to any person or entity with respect to any loss or damage caused, or alleged to be caused, directly or indirectly by the information contained in this book.

Library of Congress Catalog Card Number: 00-135494

ISBN: 1-885464-03-7

Contents

referenced in column four and are listed after the chart. The next three columns indicate whether the exit is a Rest Area, Welcome Center, or Roadside Turnout followed by icons indicating the facilities available. The last two columns identify Scenic Vistas and Runaway Truck Ramps.

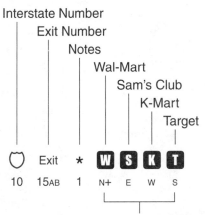

Indicates the direction of travel after exiting the highway. A plus sign (+) indicates that the store is more than one mile from the exit.

Figure 2

Immediately following the Rest Area Chart is the Discount Store Chart as shown in *Figure 2*. This chart allows you to quickly find the location of Wal-Mart, Sam's Club, K-Mart, and Target stores. Again, please note that California does not use the Consecutive or Milepost numbering system. In this chart for California we have provided the exit name. To help you identify the store location you will also find the name of the city in which it is located.

To correctly read both charts, follow these guidelines. Locate the Interstate you are traveling on. Eastbound and northbound travelers should read down the chart, from top to bottom, in order to determine what lies ahead. Westbound and southbound travelers should read up the chart, from bottom to top.

Clear Channel Radio Stations

Following is a list of Clear Channel Radio Stations, some of the most powerful (50 kilowatt power) stations in the United States. The stations are designated to operate over an extended area and frequently can be heard for hundreds of miles. The station's signals are generally protected for a distance of up to 750 miles at night.

Alaska

Anchorage	KENI	650
Anchorage	KFQD	750
Fairbanks	KCBF	820

Arizona

Tempe	KCWW	1580
Window Rock	KTNN	660

Arkansas

Little Rock	KAAY	1090

California

Fresno	KFRE	940
Los Angeles	KFI	640
Los Angeles	KTNQ	1020
Los Angeles	KNX	1070
Sacramento	KHTK	1140
Sacramento	KFBK	1530
San Diego	KFMB	760
San Francisco	KNBR	680
San Francisco	KCBS	740
San Francisco	KGO	810
San Francisco	KFAX	1100
Santa Monica	KBLA	1580

Colorado

Denver	KOA	850

Connecticut

Hartford	WTIC	1080

District of Columbia

Washington	WTOP	1500

Florida

Miami	WAQI	710
Orlando	WWNZ	740
Orlando	WQTM	540

Georgia

Atlanta	WSB	750

Hawaii

Honolulu	KAIM	870

Idaho

Boise	KBOI	670

Illinois

Chicago	WMAQ	670
Chicago	WGN	720
Chicago	WBBM	780
Chicago	WLS	890
Chicago	WMVP	1000

Indiana

Fort Wayne	WOWO	1190

Iowa

Des Moines	WHO	1040
Waterloo	KXEL	1540

Kentucky

Louisville	WHAS	840

Louisiana

New Orleans	WWL	870
Shreveport	KWKH	1130

Maryland

Baltimore	WBAL	1090

Massachusetts

Boston	WRKO	680
Boston	WEEI	850
Boston	WBZ	1030
Boston	WNRB	1510

Michigan

Detroit	WJR	760

Minnesota

Minneapolis	WCCO	830
Minneapolis	KSTP	1500

Missouri

St. Louis	KMOX	1120

Nebraska

Lexington	KRVN	880
Omaha	KFAB	1110

Nevada

Las Vegas	KDWN	720
Reno	KKOH	780

New Mexico

Albuquerque	KKOB	770
Roswell	KCKN	1020

New York

Albany	WDCD	1540
Buffalo	WWKB	1520
New York	WFAN	660
New York	WOR	710
New York	WABC	770
New York	WCBS	880
New York	WINS	1010
New York	WEVD	1050
New York	WBBR	1130
New York	WQEW	1560
Rochester	WHAM	1180
Schenectady	WGY	810

North Carolina

Charlotte	WBT	1110
Raleigh	WPTF	680

Ohio

Cincinnati	WLW	700
Cincinnati	WSAI	1530
Cleveland	WTAM	1100
Cleveland	WKNR	1220

Oklahoma

Oklahoma City	KOMA	1520
Tulsa	KVOO	1170

Oregon

Eugene	KPNW	1120
Portland	KEX	1190

Pennsylvania

Philadelphia	WKYW	1060
Philadelphia	WPHT	1210
Pittsburgh	KDKA	1020

Tennessee

Nashville	WSM	650
Nashville	WLAC	1510

Texas

Dallas	KRLD	1080
Fort Worth	WBAP	820
Houston	KTRH	740
San Antonio	WOAI	1200

Utah

Salt Lake City	KSL	1160

Virginia

Richmond	WRVA	1140

Washington

Seattle	KIRO	710
Seattle	KOMO	1000
Seattle	KRPM	1090
Spokane	KGA	1510

West Virginia

Wheeling	WWVA	1170

Wyoming

Casper	KTWO	1030

Hotel/Motel Toll-free Numbers

Below is a convenient list of toll-free telephone numbers for selected hotels and motels across the United States.

Hotel	Phone	Hotel	Phone
Adam's Mark Hotels	800-444-2326	Knights Inn	800-843-5644
AmericInn	800-634-3444	La Quinta Inns	800-531-5900
AmeriHost Inn	800-434-5800	Loews Hotels	800-235-6397
Baymont Inns & Suites	800-301-0200	Luxbury Hotels	800-252-7748
Best Inns and Suites	800-237-8466	Marriott Hotels	800-228-9290
Best Western	800-528-1234	Meridien Hotels	800-543-4300
Budget Host Inns	800-283-4678	Motel 6	800-466-8356
Budgetel Inns	800-428-3438	Nikko Hotels	800-645-5687
Choice Hotels	800-221-2222	Omni Hotels	800-843-6664
Clarion Hotels	800-252-7466	Park Inn International	800-437-7275
Coast Hotels	800-663-1144	Payless Hotels	800-729-5377
Colony Hotels	800-777-1700	Preferred Hotels	800-323-7500
Comfort Inns	800-228-5150	Quality Inns	800-228-5151
Courtyard by Marriott	800-321-2211	Radisson Hotels	800-333-3333
Cricket Inns	800-274-2538	Ramada Hotels	800-228-2828
Days Inn	800-329-7466	Red Carpet Inns	800-251-1962
Delta Hotels & Resorts	800-268-1133	Red Lion Inns	800-547-8010
Doubletree Hotels	800-222-8733	Red Roof Inns	800-843-7663
Drury Inns	800-325-8300	Regent Int'l Hotels	800-545-4000
Econo Lodges	800-553-2666	Registry Hotels	800-247-9810
Economy Inns	800-826-0778	Relax Hotels & Resorts	800-667-3529
Embassy Suites	800-362-2779	Renaissance Hotels	800-228-9898
Exel Inns of America	800-367-3935	Residence Inn	800-331-3131
Extended Stay America	800-398-7829	Ritz-Carlton	800-241-3333
Fairfield Inn by Marriott	800-228-2800	Rodeway Inns	800-228-2000
Fairmont Hotels	800-527-4727	Sheraton Hotels	800-325-3535
Family Inns of America	800-251-9752	Shilo Inns	800-222-2244
Forte Hotels & Resorts	800-225-5843	Shoney's Inn	800-222-2222
Four Seasons Hotels	800-332-3442	Signature Inns	800-822-5252
Friendship Inns	800-453-4511	Sleep Inn	800-627-5337
Hampton Inn	800-426-7866	Small Luxury Hotels	800-525-4800
Harley Hotels	800-321-2323	Sofitel Hotels	800-221-4542
Helmsley Hotels	800-221-4982	Sonesta Hotels	800-776-3782
Hilton Hotels	800-445-8667	Super 8 Motels	800-800-8000
Holiday Inn	800-465-4329	Thriftlodge	800-525-9055
Homewood Suites	800-225-5466	TraveLodge	800-578-7878
Howard Johnson	800-654-2000	Vagabond Inns	800-522-1555
Hyatt Hotels and Resorts	800-233-1234	Westin Hotels & Resorts	800-228-3000
Innkeeper Motels/Hotels	800-822-9899	Wingate Inn	800-228-1000
Kempinski Hotels	800-426-3135	Wyndham Hotels	800-822-4200

Alabama

Rest Area Usage: There is no limit to length of stay, however, no camping or overnight parking is permitted.
Weather Information: Birmingham, 205-945-7000; Mobile, 334-478-6666.
Road Conditions: 334-242-4378.
State Police: *General,* 334-242-4378; *Emergency,* 334-242-4378.
Tourism Contact: Alabama Department Of Tourism, PO Box 4927, Montgomery AL 36103. *Phone*: 800-252-2262. *Fax*: 334-242-4554. *Internet*: www.touralabama.org.

○	↗	MM	*	?	✎	⛺	🚻	📞	🎪	⛽	🏢	🐾	♿	⛰	🚩
10	EB	1	•				•	•	•			•	•	•	
	WB	66	•				•	•	•	•	•	•	•	•	
20	EB	0.5	•				•	•	•	•	•	•	•	•	
	EB	38			•		•	•	•	•	•	•	•	•	
	WB	39			•		•	•	•	•	•	•	•	•	
	B	85			•		•	•	•	•	•	•	•	•	
	WB	213	•				•	•	•	•	•	•	•	•	
59	NB	0.5	•				•	•	•	•	•	•	•	•	
	NB	38			•		•	•	•	•	•	•	•	•	
	SB	39			•		•	•	•	•	•	•	•	•	
	B	85	•				•	•	•	•	•	•	•	•	
	NB	165	•				•	•	•	•	•	•	•	•	
	SB	167	•				•	•	•	•	•	•	•	•	
	SB	241	•				•	•	•	•	•	•	•	•	
65	NB	85	•				•	•	•	•	•	•	•	•	
	SB	89	•				•	•	•	•	•	•	•	•	
	B	134	•				•	•	•	•	•	•	•	•	
	B	213	•				•	•	•	•	•	•	•	•	
	B	302	•				•	•	•	•	•	•	•	•	
	SB	364	•				•	•	•	•	•	•	•	•	
85	B	44	•				•	•	•	•	•	•	•	•	
	SB	78	•				•	•	•	•	•	•	•	•	

○	Exit	*	W	S	K	T
10	15AB		N		N	
	17AB		N			
20	71A	1			S	
	73	1	S	S		
	108	1	S			
	118	1			S	
	132AB				S	

○	Exit	*	W	S	K	T
	133		S	S	S	
	185		S			
59	71A				S	
	73		S	S		
	108		S			
	118					S
	134			W		W

⬡	Exit	★	W	S	K	T
	141				W	
	218		W		W	
65	3		W	W	W	
	13		E			
	130		W			
	255		W	W		

⬡	Exit	★	W	S	K	T
	256AB				E	
	271		E		E	
	351	W+				
85	6			E		
	79		E			
459	13					E
565	8					N

Notes: 1) follows I-59 numbering.

Arizona

Rest Area Usage: There is no limit to length of stay. Camping is not allowed, however, overnight parking is permitted.
Weather Information: Phoenix, 602-265-5550.
Road Conditions: 602-651-2400 ext. 7623; *Construction*, 602-255-6588.
State Police: *General,* 602-223-2000; *Emergency,* 911.
Tourism Contact: Arizona Office Of Tourism, 2702 N Third St, Suite 4015, Phoenix AZ 85004. *Phone*: 888-520-3444. *Fax*: 602-240-5475. *Internet*: www.arizonaguide.com.

⬡	↗	MM	★	?	▣	⛺	🚻	📞	⛱	🗑	▣	🐾	♿	⛰	✉
8	B	22		•											
	B	56		•		•	•	•	•			•	•		
	EB	84		•		•	•	•	•			•	•		
	WB	85		•		•	•	•	•			•	•		
	EB	149			•				•						
	WB	150			•				•						
10	B	4		•		•	•	•	•			•	•		
	B	52		•		•	•	•	•			•	•		
	B	86		•		•		•							
	EB	181		•		•	•	•	•			•	•		
	WB	183		•		•	•	•	•			•	•		
	EB	217		•		•		•							
	B	320		•		•	•	•	•			•	•		
	B	389		•		•	•	•	•			•	•		
15	NB	10	1	•											
	NB	14	1	•											
	NB	15	1	•											
	B	16	1	•											
	B	18		•		•		•				•	•		
	SB	21		•											
17	B	252		•		•	•	•	•			•	•		

◯	↗ MM	*	?	🚗	⛺	🚻	🧴	🍽	🛢	📮	🐾	♿	🏞	🔫
NB	283													•
B	297	•			•		•	•	•			•		
SB	300													•
SB	312	•											•		
B	324	•			•	•	•	•				•		
19 B	54 KM 2	•			•	•	•	•		•	•			
40 B	23	•			•	•	•	•		•	•			
WB	155	•												
EB	182	•			•	•	•	•		•	•			
WB	183	•			•	•	•	•		•	•			
B	235	•			•	•	•	•		•	•			
B	316	•				•								
B	359	•			•	•	•	•		•	•			

Notes: 1) Truck parking; 2) I-19 uses kilometers.

◯	Exit	*	W	S	K	T
10	129	N				
	135			N	N	
	136	N				
	146			S		
	155			N		
	157	N				
	159			S	S	
	194		S+		S+	
	248			N		
17	206			W		

◯	Exit	*	W	S	K	T
	212AB		W			
	214AB					W
19	4	1	E		E	
	69	1	E			
	95	1	W		W	
40	51		N			
	53			N		
	195B		N		N	N
	198			N		
	253		N			

Notes: 1) I-19 uses kilometers.

Arkansas

Rest Area Usage: There is no limit to length of stay. Camping is not permitted, however, overnight parking for safety reasons only is allowed.
Weather Information: Fayetteville, 501-582-1500; Little Rock, 501-376-4400.
Road Conditions: 501-569-2374.
State Police: *General,* 501-618-8000; *Emergency,* 911.
Tourism Contact: Arkansas Department Of Parks & Tourism, One Capitol Mall, Suite 900, Little Rock AR 72201. *Phone:* 800-628-8725, 501-682-7777. *Fax:* 501-682-1364. *Internet:* www.arkansas.com.

⬡	↗	MM	*	⑦	🛈	⛺	🚻	🚰	🪑	⛽	🗑	🐕	♿	⛰	🔦
30	EB	1	•			•	•	•	•				•	•	
	B	56		•		•	•	•	•				•	•	
	B	93		•		•	•	•	•				•	•	
40	EB	2	•			•	•	•	•				•	•	
	B	36		•		•	•	•					•	•	
	EB	68	•			•	•	•	•				•	•	
	WB	70		•											•
	WB	72		•		•	•	•	•				•	•	
	B	109		•		•	•	•					•	•	
	B	199		•		•	•	•					•	•	
	EB	235		•		•	•	•	•				•	•	
	WB	243		•		•	•	•	•				•	•	
	WB	274	•			•	•	•					•	•	
55	SB	35		•		•	•	•						•	
	NB	45		•		•	•	•						•	
	SB	68	•			•	•	•	•					•	

⬡	Exit	*	W	S	K	T
30	30		S			
	73		N			
	98AB		S			
	117		S			
	118		S			
	130		S			
	131		S			
40	13		S			
	58		N			
	84		S			

⬡	Exit	*	W	S	K	T
	108		S			
	125		S			
	152		N			
	216		S			
	241AB		S			
	276		S			
	278		S			
55	278	1	W			
	67		W		W	
430	8					S

Notes: 1) follows I-40 numbering.

California

Rest Area Usage: There is a 6 hour stay limit, no camping or overnight parking is permitted.
Weather Information: Bakersfield, 805-393-2340; Los Angeles, 213-554-1212; Redding, 530-221-5613; Sacramento, 916-646-2000; San Francisco, 650-364-7974.
Road Conditions: 916-445-7623 and 916-445-1534.
State Police: *General*, 916-453-2400; *Emergency*, 911.
Tourism Contact: California Division Of Tourism, 801 K St, Suite 1600, Sacramento CA 95814. *Phone*: 800-862-2543. *Internet*: www.gocalif.com.

○	↗	MM	★	?	↗	⛺	🚻	☎	⛱	🚮	🏪	🐾	♿	⛰	✏
5	SB	36				•								•	
	B	42				•								•	
	B	51	1	•			•	•					•		
	B	56	2	•		•	•	•	•	•	•	•	•		
	SB	69				•								•	
	B	206	3	•		•	•	•	•	•	•	•	•		
	NB	211	4												•
	B	258	5	•		•	•	•	•			•	•		
	B	321	6	•		•	•	•	•	•		•	•		
	B	387	7	•		•	•	•	•	•		•	•		
	SB	419				•								•	
	NB	429				•								•	
	B	444	8	•		•	•	•	•	•	•	•	•		
	SB	528	9	•		•	•	•	•			•	•		
	B	556	10	•		•	•	•	•	•		•	•		
	B	583	11	•		•	•	•	•			•	•		
	B	608	12	•		•	•	•	•	•	•	•	•		
	B	632	13	•		•	•	•	•	•		•	•		
	NB	652	14	•		•	•	•	•	•		•	•		
	SB	653	15	•		•	•	•	•	•		•	•		
	B	662	16	•			•	•					•		
	NB	694	17	•		•	•	•	•			•	•		
	B	704	18	•		•	•	•	•	•			•		
	NB	724				•								•	
	B	753	19	•		•	•	•	•			•	•		
	SB	780				•								•	
	B	788	20	•		•	•	•	•			•	•		
8	WB	28	21			•									
	EB	38				•								•	
	B	53	22	•		•	•	•	•		•	•	•		
	EB	87												•
	B	108	23	•		•	•	•	•		•	•	•		
	B	155	24	•		•	•	•	•			•	•		
10	EB	87	25	•		•	•	•	•			•	•		
	WB	91	26	•		•	•	•	•			•	•		
	B	113	27	•		•	•	•	•	•			•		
	B	158	28	•		•	•	•	•	•		•	•		
	B	224	29	•		•	•	•	•		•	•	•		
15	SB	125	30												•
	B	170	31	•			•	•					•		
	B	213	32	•		•	•	•	•			•	•		
	B	265	33	•		•	•	•	•			•	•		

🛡	↗	MM	★	?	↗	🏕	🚻	📞	⛱	🗑	🏧	🐾	♿	⛰	🍼
	NB	277	34											•	
40	B	28	35	•			•	•	•				•	•	
	B	105	36	•			•	•	•				•	•	
80	WB	34	37	•			•	•						•	
	B	143	38	•			•	•	•				•	•	
	WB	148	39												•
	WB	152	40												•
	WB	157		•										•	
	B	177	41	•			•	•	•				•	•	•
	B	179		•										•	
280	B	31		•										•	
	NB	35	42	•			•	•	•				•		
	B	37		•										•	
680	B	60		•										•	

Notes: 1) Located 35 miles north of San Diego in Oceanside. Take the Coast Highway exit and follow the *Traveling Bear* signs. 2) Aliso Creek RA, 5.8 miles north of Oceanside. 3) Tejon Pass RA, 3.5 miles north of Gorman. 4) Ramp is about 9 miles from summit. 5) Buttonwillow RA, 2 miles north of Route 58 Interchange. 6) Coaling/Avenal RA, 1.2 miles north of Lassen Ave. 7) John "Chuck" Erreca RA, 0.7 miles north of the Fresno County line in Merced County. 8) Westley RA, 0.9 miles south of the San Joaquin County line in Stanislaus County. 9) Elkhorn RA, at Sacramento International Airport. 10) Dunnigan RA, 0.5 miles north of Dunnigan. 11) Maxwell RA, 2 miles south of Maxwell. 12) Willows RA, 2 miles south of Artois. 13) Corning RA, 1.3 miles north of Corning Rd. 14) Herbert S Miles RA, 4.4 miles north of Red Bluff. 15) Herbert S Miles RA, 5 miles north of Red Bluff. 16) Ten miles south of Redding, exit Deschutes Rd. 17) O'Brien RA, 9 miles north of Project City. 18) Lakehead RA, 0.9 miles north of Lakehead. 19) Weed Airport RA, 6 miles north of Weed. 20) Randolph E Collier RA, 2.5 miles north of Route 96. 21) Map Stop. 22) Buckman Springs RA, 3.3 miles east of Pine Valley. 23) Sunbeam RA, 6 miles west of El Centro. 24) Sand Hills RA, 20 miles west of Arizona State Line. 25) Wildwood RA, 1 mile west of Calimesa. 26) Brookside RA, 3 miles west of Beaumont. 27) Whitewater RA, 1 mile west of Whitewater. 28) Cactus City RA, 15 miles east of Indio. 29) Wiley's Well RA, 15 miles west of Blythe. 30) Ramp is about 2 1/2 miles from the summit. 31) Take the Lenwood Road exit and follow the *Traveling Bear* signs. Located in Barstow at the Tanger Outlet Shopping Center. 32) Clyde V Kane RA, 30 miles east of Barstow. 33) Valley Wells RA, 26 miles west of Nevada State Line. 34) Ramp is about 5 miles from the summit. 35) Desert Oasis RA, 9 miles east of Newberry. 36) John Wilkie RA, 45 miles west of Needles. 37) Hunter Hill RA, 7 miles east of Vallejo. 38) Gold Run RA, between Sawmill and Gold Run. 39) Ramp is about 29 miles from the summit. 40) Ramp is about 25 miles from the summit. 41) Donner Summit RA, on Donner Pass. 42) Crystal Springs RA, near San Francisco Reservoir in San Mateo County.

🛡	Exit		★	W	S	K	T
5	CA 78, Vista Way. (in Oceanside)					E	
	Camino de Estrella. (in San Clemente)						W

Exit	Exit	*	W	S	K	T
	Alicia Parkway. (in Mission Viejo)					E
	El Toro Road. (in Lake Forest)				E	
	Tustin Ranch Rd. (in Tustin)				E	
	Santa Ana Blvd, Grand Ave. (in Santa Ana)					E
	Euclid St. (in Anaheim)	E				W
	Burbank Blvd. (in Burbank)				E	
	Osborne St. (in Pacoima)					E
	Lyons Ave, Pico Canyon Rd. (in Valencia)	W				
	CA 102. (in Woodland)					E
	CA 113 S, Main St. (in Woodland)	E				
	CA 162, Willows. (in Willows)	W				
	Diamond Ave. (in Red Bluff)	W			W	
	Hilltop Dr, Cypress Ave. (in Redding)				E	
	CA 299 E, CA 44. (in Redding)	E				
	CA 3. (South of Yreka)	W				
8	Jackson Dr, Grossmont Blvd. (in La Mesa)					N
	Johnson Ave (in El Cajon)				N	
	Los Coches Rd. (in El Cajon)	S				
10	Peck Road North. (in El Monte)				N	
	Francisquito Ave. (in Baldwin Park)					N
	Pacific Ave. (in West Covina)				S	
	Citrus Ave. (in West Covina)					N
	Central Ave. (in Montclair)				S	
	Mountain Ave. (in Ontario)					S
	San Bernardino Ave, 4th St. (in Ontario)				N	
	Sierra Ave. (in Fontana)				N	S
	Riverside Ave. (East of Bloomington)	N				
	Waterman Ave. (in San Bernardino)		N			
	California Ave. (in Redlands)	S				
	Alabama St. (in Redlands)				S	
	Highland Springs Ave. (in Banning)				S	
	Monroe St. (Near Indio)					S
	Lovekin Blvd. (in Blythe)				N	
15	Aero Dr. (in San Diego)	W				
	Carmel Mtn Rd. (in San Diego)				E	
	Valley Pkwy. (in Escondido)					W
	Rancho California Rd. (in Temecula)				E	
	CA 79 N, Winchester Rd. (2 miles N of Temecula)				E	
	Railroad Canyon Rd. (1 mile S of Lake Elsinore)	E				
	2nd St. (3.5 miles north of Corona)					W
	CA 66, Foothill Blvd. (2 miles south of Etiwanda)	E				
	Bear Valley Rd. (7 miles south of Victorville)	E				

Rest Areas & Welcome Centers

Exit	Location	*	W	S	K	T
	CA 18, Palmdale Rd. (3 miles south of Victorville)				E	W
	CA 247, Barstow Rd. (in Barstow)			W		
40	Montara Rd. (in Barstow)		S			
80	Cutting Blvd, Potrero St. (in Richmond)					S
	San Pablo Dam Rd. (East of San Pablo)				N	
	Richmond Pkwy. (in Pinole)					S
	Appian Way. (in Pinole)				S	
	Redwood St. (in Vallejo)					S
	CA 12 E, Abernathy Rd. (Near Fairfield)		S			
	W Texas St, Rockville Rd. (in Fairfield)					S
	Monte Vista Ave. (in Vacaville)		S	S		S
	Truxel Rd. (in Sacramento)		N			
	Northgate Blvd. (in Sacramento)				S	
	Madison Ave. (in North Highlands)					S
	Riverside Ave. (in Citrus Heights)				S	
	Atlantic St, Eureka Rd. (in Roseville)				S	
110	Sepulveda Blvd. (in Carson)		W			E
	Torrance Blvd. (in Carson)				E	
205	Grant Line Rd. (in Tracy)		N			N
210	Maclay St. (in San Fernando)			S		
	Mountain Ave. (in Duarte)		S			N
	CA 30 E, Lone Hill Ave. (in Glendora)		S			
	Arrow Hwy. (in San Dimas)					S
215	Newport Rd. (2 miles south of Sun City)					E
	Nuevo Rd. (in Perris)		E			
	Eucalyptus Ave. (in Riverside)		E	E		
	Washington St. (in Colton)		W			
	Orange Show Rd. (in San Bernardino)					E
280	Meridian St. (in San Jose)				S	
	Saratoga-Sunnyvale Rd. (in Cupertino)					W
	CA 1, Mission St. (in Colma)					E
405	Bristol St. (in Costa Mesa)					E
	CA 39, Beach Blvd. (in Westminster)				E	W
	Bellflower Blvd. (in Long Beach)					W
	Atlantic Blvd. (in Long Beach)					W
	CA 42, Manchester Ave. (in Inglewood)				W	
580	Foothills Rd, San Ramon Rd. (in Dublin)					N
	Hacienda Dr. (3 miles east of Dublin)			S		
	N Livermore Ave. (in Livermore)		S			
	CA 84, 1st St, Springtown Blvd. (in Livermore)					S
605	Carson St. (in Long Beach)			W		
	Florence Ave. (in Downey)			E		

◯ Exit		*	W	S	K	T
680	McKEE RD. (IN SAN JOSE)					W
	LANDESS AVE, MONTAGUE EXPRESSWAY. (IN MALPITAS)					E
	BOLLINGER CANYON RD. (IN SAN RAMON)					E
	N MAIN ST, TO WALNUT CREEK. (IN WALNUT CREEK)					E
	CA 4 E, CONCORD AVE, PACHECO BLVD. (IN PACHECO)				W	W
710	CA 42, FIRESTONE BLVD. (IN BELL GARDENS)					E
805	PALM AVE. (IN SAN YSIDRO)			E		
880	CA 237, ALVISO RD, CALAVERAS RD. (IN MILPITAS)		W			
	MOWRY AVE. (IN FREMONT)					E
	CA 84 E, THORNTON AVE. (IN FREMONT)				W	
	ALVARADO-NILES RD. (IN UNION CITY)		W			
	WHIPPLE RD, DYER ST. (IN UNION CITY)		W			
	HESPERIAN BLVD. (IN SAN LORENZO)					E

Colorado

Rest Area Usage: There is no limit to length of stay, however, no camping or overnight parking is permitted.
Weather Information: Denver, 303-337-2500.
Road Conditions: *Construction,* 303-757-9228 (weekdays), 303-639-1111.
State Police: *General,* 303-239-4500; *Emergency,* 303-239-4501.
Tourism Contact: Colorado Travel & Tourism Authority, 1127 Pennsylvania St, Denver CO 80203. *Phone:* 800-265-6723. *Fax:* 303-832-6174. *Internet:* www.colorado.com.

◯	↗	MM	*	🛈	🍴	🏕	🚻	📞	⛺	🛢	🏢	🐕	♿	⛰	🌿
25	NB	1	•												•
	B	14		•			•	•	•				•		
	B	37			•		•		•	•	•	•			
	B	74		•			•	•	•	•			•	•	
	B	82				•				•					
	SB	111			•		•	•	•	•	•	•	•		
	NB	115			•		•	•	•	•	•	•	•		
	SB	152				•									
	B	170			•		•	•	•		•			•	•
	B	266			•		•	•	•				•	•	
	B	296				•									
70	B	0.5			•		•	•	•			•			•
	B	19		•			•	•	•		•	•	•		
	EB	50				•									
	B	75			•		•	•	•				•	•	
	B	90			•		•	•	•	•	•			•	

⬡	↗	MM	*	?	◪	🌲	🚻	)	🍽	⛺	🏧	🐾	♿	🏞	🔦
	B	108	•												
	EB	114			•		•	•	•				•		
	B	118			•		•	•	•				•		
	B	121			•		•	•	•				•		
	B	126			•		•		•				•		
	B	128			•		•	•	•			•	•		
	B	147			•		•						•		
	B	162				•								•	
	B	163			•		•	•	•				•		
	WB	183													•
	WB	186													•
	B	189				•									
	B	190			•		•	•	•				•		
	B	203				•		•						•	
	WB	209													•
	WB	212													•
	EB	213				•									
	EB	226				•								•	
	EB	256													•
	B	306			•		•	•	•			•	•		
	WB	332			•		•	•	•	•		•	•		
	B	383			•		•	•	•		•	•	•		
	WB	437	•				•	•	•	•	•	•	•		
76	B	107			•		•	•	•	•	•	•	•		
	B	151	1		•		•	•	•	•	•	•	•		
	B	180		•			•	•	•	•	•	•	•		

Notes: 1) RV Dump wb only.

⬡	Exit	*	W	S	K	T
25	11		W			
	15		E			
	101		E	W		
	102			E		
	138					W
	141		W			
	150A		E			
	181		E			
	184		E			
	197				E	E
	221		E		E	E
	257AB					W
	259		E			

⬡	Exit	*	W	S	K	T
70	114					N
	116			S+		
	167			S		
	203			S		
	252			S		
	264			S		
	269A				N	
	270					S
	272				N	
76	1A				N	
	80				S	
225	7			E	E	E

Connecticut

Rest Area Usage: There is no limit to length of stay, however, no camping or overnight parking is permitted.
Weather Information: Hartford, 508-822-0634.
Road Conditions: 860-594-2650 (weekdays), 800-443-6817.
State Police: *General*, 860-685-8190; *Emergency*, 911.
Tourism Contact: Connecticut Department Of Economic Development, Tourism Division, 505 Hudson St, Hartford CT 06106. *Phone*: 800-282-6863, 860-270-8080. *Fax*: 860-270-8077. *Internet*: www.ctbound.org.

⊙	↗	MM	*	ⓘ	↗	🌲	👥	))	🪑	⛽	💾	🐎	♿	⛰	▬
84	B	2	•		•	•	•	•	•	•	•	•	•	•	
	EB	42		•		•	•	•	•	•	•	•	•	•	
	B	84		•		•	•	•	•	•	•	•	•	•	
91	SB	15		•		•	•	•	•	•	•	•	•	•	
	NB	22		•		•	•	•	•	•				•	
95	NB	74		•		•	•	•						•	
	NB	100	•												•
395	SB	8		•		•	•	•	•	•				•	
	B	35		•		•								•	

⊙	Exit	*	W	S	K	T		⊙	Exit	*	W	S	K	T
84	15					N			39					W
	32					S			44			E		
	34					N			45			E		
	62				N			95	34					E
	63		N						35					E
	64				N				81			W		
	65					N			86			W		
91	8					E		395	97			W		E
	21		W											

Florida

Rest Area Usage: There is a 3 hour stay limit, no camping or overnight parking allowed.
Weather Information: Miami, 305-229-4522; Tallahassee, 850-422-1212; Tampa, 813-645-2506.
Road Conditions: 800-475-0044.
State Police: *General*, 850-488-8676; *Emergency*, 911.
Tourism Contact: Visit Florida, PO Box 1100, Tallahassee FL 32302. *Phone*: 888-735-2872, 850-488-5607. *Fax*: 850-224-2938. *Internet*: www.flausa.com.

Rte	↗	MM	★	?	◤	🏕	🚻	☎	⛺	⛽	🅿	🐕	♿	⛰	✎
4	B	46			•		•	•	•	•			•	•	
	B	70				•	•	•	•	•			•	•	
	B	95			•		•	•	•	•			•	•	
	EB	121				•									
10	EB	4	•		•		•	•	•	•			•	•	
	B	31			•		•	•	•	•			•	•	
	EB	58			•		•	•	•	•	•		•	•	
	WB	60			•		•	•	•	•			•	•	
	B	96	1		•		•	•	•				•	•	
	B	133			•		•	•	•	•			•	•	
	B	161			•		•	•	•	•	•		•	•	
	B	194			•		•	•	•	•	•		•	•	
	B	234			•		•		•	•			•	•	
	B	265			•		•	•	•	•			•	•	
	EB	294			•		•	•	•	•	•		•	•	
	WB	295			•		•	•	•	•	•		•	•	
	B	318			•		•	•	•	•	•		•	•	
	WB	351			•		•	•	•	•				•	
	EB	352			•		•	•	•	•					•
75	NB	31				•									
	NB	38				•									
	SB	63			•		•	•	•	•			•	•	
	B	131			•		•	•	•	•			•	•	
	B	161			•		•	•	•	•			•	•	
	NB	238			•		•	•	•	•			•	•	
	B	278			•		•	•	•	•			•	•	
	B	307			•		•	•	•	•			•	•	
	B	346			•		•	•	•	•			•	•	
	B	383			•		•	•	•	•			•	•	
	B	413			•		•	•	•	•			•	•	
	NB	442			•		•	•	•	•			•	•	
	SB	445			•		•	•	•	•			•	•	
	SB	470	•				•	•	•	•			•	•	
95	B	106			•		•	•	•	•			•	•	
	B	133			•		•	•	•	•		•	•		
	B	168			•		•	•	•	•			•	•	
	B	189				•		•							
	B	209				•		•							
	NB	225			•		•	•	•	•			•	•	
	SB	227			•		•	•	•	•			•	•	
	NB	253			•		•	•	•	•			•	•	
	SB	255			•		•	•	•	•			•	•	

⬭	↗	MM	★	❓	🚮	⛺	🚻	📞	🏕	⛽	🏪	🐾	♿	🌊	🔦
	B	302	•		•	•	•	•	•			•	•		
	B	331	•		•	•	•	•	•			•	•		
	SB	378	•			•	•	•	•			•	•		
275	B	7	•		•	•	•	•	•			•	•		
	B	13	•		•	•	•	•	•			•	•		

Notes: 1) South at exit 15 to Rest Area

⬭	Exit	★	W	S	K	T
4	18		N	N	N	
	29				N	
	50				S	S
10	7		N+		N+	
	12		N			
	14		N			
	18		N			
	30		N			
	40		S			
	48		N			
75	38		W		W	
	39					W
	43				E	
	46		E			
	51			E	E	E
	68			W	E	E
	75		E			E
	76				W	
	82		E		E	
95	25				E	
	35AB		E			

⬭	Exit	★	W	S	K	T
	38				E	
	41					E
	45			E		
	53					E
	56				E	
	59AB		E			
	65		E			
	70A		E			
	71				E	
	79		E			
	87					E
	88		E		E	
	91C		W		W	
275	23AB		W			
	32				W	
295	2AB		W			
	4				W	W
	7				W	
	13		E			
595	6					S

Georgia

Rest Area Usage: There is no limit to length of stay, however, no camping or overnight parking is permitted.

Weather Information: Atlanta, 770-455-7141.

Road Conditions: 404-635-6800.

State Police: *General*, 404-657-9300; *Emergency*, 404-624-6077.

Tourism Contact: Georgia Department Of Industry, Trade & Tourism, PO Box 1776, Atlanta GA 30301. *Phone*: 800-847-4842. *Fax*: 404-651-9063. *Internet*: www.gomm.com.

🛡	↗	MM	★	?	↗	🌲	🚻	☎	🎋	⛽	🏕	🐕	♿	🏔	🔫
16	EB	44		•		•	•	•	•	•		•	•	
	WB	46			•		•	•	•	•	•	•	•	
20	EB	1	•			•	•	•	•	•		•	•	
	EB	80			•		•							
	EB	103		•		•	•	•	•	•		•	•	
	WB	108		•		•	•	•	•	•	•	•	•	
	B	182		•		•	•	•	•	•		•	•	
	WB	201	•		•	•	•	•	•	•		•	•	
59	B	11			•									•
75	NB	3	•		•	•	•	•	•	•		•	•	
	NB	47		•		•	•	•	•			•	•	
	SB	48		•		•	•	•	•			•	•	
	SB	76		•		•	•	•	•	•		•	•	
	NB	85		•		•	•	•	•	•		•	•	
	NB	108		•		•	•	•	•	•		•	•	
	SB	118		•		•	•	•	•	•		•	•	
	NB	8	1	•		•	•	•	•			•	•	
	SB	179		•		•	•	•	•	•		•	•	
	NB	308		•		•	•	•	•			•	•	
	SB	319		•		•	•	•	•	•		•	•	
	SB	352	•		•	•	•	•	•	•		•	•	
85	NB	0.5	•		•	•	•	•	•	•		•	•	
	NB	112		•		•	•	•	•			•	•	
	SB	114		•		•	•	•	•	•		•	•	
	NB	160		•		•	•	•	•	•		•	•	
	SB	176	•		•	•	•	•	•	•		•	•	
95	NB	1	•		•	•	•	•	•	•		•	•	
	SB	41		•		•	•	•	•	•	•	•	•	
	SB	111	•		•	•	•	•	•	•		•	•	
475	NB	8		•		•	•	•	•			•	•	

Notes: 1) Follows I-475 numbering.

🛡	Exit	★	W	S	K	T
20	11		N			
	34		S		S	
	36					S
	38		N			
	46AB			S		
	68		N		N	
	82		N		S	S
	90				S	

🛡	Exit	★	W	S	K	T
	114		N			
	172				S	
	196A					S
	196B		N	N		
75	18		E		E	E
	62		E			
	63A		E		E	
	101		W			

Route	Exit	*	W	S	K	T
	136		E		E	
	1	1		S		
	162		W		W	
	169				W	
	187		W			
	228				E	
	231					W
	235				E	
	241				E	
	260				W	
	263		W+		W+	
	269				W	
	271		E			
	278				W	
	312		W			
	333				E	
	350		W+			

Route	Exit	*	W	S	K	T
85	47		E			
	64		W			
	69					W
	89					E
	99				E+	
	103			W		
	104		E		E	
95	2				E	
285	19					N
	25				N	
	32A				E	E
	43					W
475	1			W		
575	7				W	
	20		E			
675	1			E	E	
985	4		S			
	16				N	

Notes: 1) follows I-475 numbering.

Idaho

Rest Area Usage: There is an 8 hour stay limit, overnight parking permitted. No camping or sleeping outside of vehicle is allowed.
Weather Information: Boise, 208-342-6569; Pocatello, 208-233-0834.
Road Conditions: 208-336-6600; *Construction*, 208-334-8888.
State Police: *General*, 208-884-7220; *Emergency*, 208-334-2900.
Tourism Contact: Idaho Department Of Commerce, 700 W State St, PO Box 83720, Boise ID 83720. *Phone*: 800-635-7820. *Fax*: 208-334-2631. *Internet*: www.state.id.us.

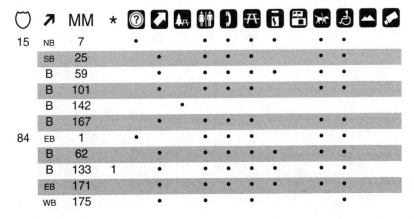

Route	Dir	MM	*
15	NB	7	
	SB	25	
	B	59	
	B	101	
	B	142	
	B	167	
84	EB	1	
	B	62	
	B	133	1
	EB	171	
	WB	175	

🛡	↗	MM	★	?	🗺	🏕	🚻	📞	🏓	⛽	🏪	🐾	♿	🏞	🔦
	B	229		•			•	•	•	•			•	•	
	B	269		•			•	•	•	•			•	•	
86	EB	19		•			•	•	•				•	•	
	WB	31		•			•	•	•	•			•	•	
90	B	8	2	•	•		•	•	•	•	•		•	•	
	B	28				•									
	WB	70													•
	WB	71													•
	EB	72		•										•	
	WB	73		•										•	

Notes: 1) Phone on wb only; 2) Welcome Center eb, Rest Area wb.

🛡	Exit	★	W	S	K	T		🛡	Exit	★	W	S	K	T
15	93		E						208			S		S
84	50			S				86	61			S		S
	95					S		90	12					N

Illinois

Rest Area Usage: There is a 3 hour stay limit, however , the length of stay may be limited further when capacities of the facilities are approached or exceeded. Camping or overnight parking are not permitted.
Weather Information: Chicago, 312-976-1212; Springfield, 217-747-1212.
Road Conditions: 312-368-4636, 217-782-5730 (winter); *Construction,* 800-452-4368.
State Police: *General,* 217-786-7107; *Emergency,* 217-786-7110.
Tourism Contact: Illinois Bureau Of Tourism, 700 W Lincoln, Charleston IL 61920. *Phone:* 800-226-6632. *Fax:* 217-348-7060. *Internet:* www.enjoyillinois.com.

🛡	↗	MM	★	?	🗺	🏕	🚻	📞	🏓	⛽	🏪	🐾	♿	🏞	🔦
24	B	37	1	•			•	•	•				•	•	
39	B	85			•		•	•	•	•	•		•	•	
55	B	27	2	•	•		•	•	•				•		
	B	64			•		•	•	•	•			•	•	
	NB	102			•		•	•	•	•			•	•	
	SB	103			•		•	•	•	•			•	•	
	B	149			•		•	•	•	•			•	•	
	B	194			•		•	•	•	•			•	•	
57	B	32		•			•	•	•				•	•	
	B	40				•								•	

🛡	↗	MM	★	ⓘ	↗	🏕	🚻	💧	🍽	☎	🏪	🐾	♿	⛰	🔭
	NB	74			•		•	•	•	•			•	•		
	SB	79		•			•	•	•	•			•	•		
	B	114			•		•	•	•	•			•	•		
	B	165		•			•	•	•	•	•		•	•		
	B	222			•		•	•	•	•			•	•		
	B	268		•			•	•	•	•	•		•	•		
	B	332	•				•	•	•	•	•		•	•		
64	B	25	3	•			•	•	•	•			•	•		
	EB	82			•		•	•	•	•			•	•		
	WB	86		•			•	•	•	•			•	•		
	WB	130			•		•	•	•	•			•	•		
70	B	27	3	•			•	•	•	•			•	•		
	B	86			•		•	•	•	•	•		•	•		
	WB	149		•			•	•	•	•			•	•		
72	B	152			•		•	•	•	•			•	•		
74	EB	28		•			•	•	•	•	•		•	•		
	WB	30			•		•	•	•	•	•		•	•		
	B	62		•			•	•	•	•			•	•		
	B	114			•		•	•	•	•	•		•	•		
	B	156		•			•	•	•	•			•	•		
	WB	208			•		•	•	•	•			•	•		
80	EB	1		•			•	•	•				•	•		•
	B	51			•		•	•	•	•	•		•	•		
	EB	117		•			•	•	•	•			•	•		
	WB	119			•		•	•	•	•			•	•		
90	EB	2		•			•	•	•	•	•		•	•	•	
255	B	3	4		•		•	•	•	•				•		

Notes: 1) North at exit to Welcome Center; 2) Welcome Center nb, Rest Area sb; 3) Welcome Center eb, Rest Area wb; 4) In Missouri.

🛡	Exit	★	W	S	K	T
55	52		E			
	98B			W		
	126		E+			
	197		E		E	
	257				E	
	267		W			
	279B		W+	W+		W+
57	54AB		W	W		
	65				W	
	71		W			

🛡	Exit	★	W	S	K	T
	95		W		E	
	116				E	
	160		W		E	
	190AB		W		W	
	315		W		W	E
	340AB		E	E	E	E
64	12				S	S
	14		S	S		
	95	1	W		E	
70	61			S		

🛡	Exit	*	W	S	K	T
	63		S			
	160	1	W		E	
72	93		N	N	N	N
	98B	2			W	
	103AB				N	
	141AB		S	S		
74	1	3				S
	2	3	S	S		
	3	3			S	
	4AB		N			
	89					N
	95A		S			
	102				S	
	181		N	N	S	N
80	19		N			
	56		S			
	75		S		S	S
	90		S	S		
	112		N			

🛡	Exit	*	W	S	K	T
	130AB		N	N	N	
	137				N	
	157				S	
	161				S	N
88	41			N		
	131					S
90	63	4	S	S	S	S
	53	4				N+
	23	4			N	
	22	4			N	
	45A	5			N	
94	69	6	W	W		W
	45A				N	
	161	7			S	N
255	1A	8			S	N
	2	8	N			
	13			W		
294	17			W		
	157	7				S

Notes: 1) follows I-57 numbering; 2) follows I-55 numbering; 3) in Iowa; 4) follows Northwest Tollway numbering; 5) follows I-94 numbering; 6) follows Tri-State Tollway numbering; 7) follows I-80 numbering; 8) in Missouri.

Indiana

Rest Area Usage: There is no limit to length of stay, however, no camping or overnight parking is permitted.
Weather Information: Indianapolis, 317-635-5959; South Bend, 219-232-1121.
Road Conditions: 317-232-8298; *Construction*, 317-232-5533.
State Police: *General*, 800-582-8440; *Emergency*, Same (in Indiana only).
Tourism Contact: Indiana Division Of Tourism, 1 N Capitol, Suite 700, Indianapolis IN 46204. *Phone*:800-289-6646. *Internet*: www.enjoyindiana.com.

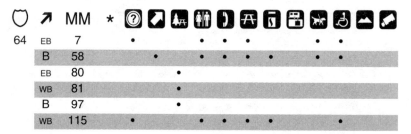

🛡	↗	MM	*	?	🗺	🏕	🚻	🍴	🪑	🚽	🏢	🐾	♿	⛰	🔦
64	EB	7	•			•	•	•			•	•
	B	58		•			•	•	•	•			•	•
	EB	80		•
	WB	81		•
	B	97		•
	WB	115	•				•	•	•	•	•			•

🛡	↗	MM	★	⑦	◩	🌲	🚻	☎	⛱	▦	💾	🐕	♿	⛰	◆
65	B	22		•		•	•	•	•	•		•	•		
	B	73		•		•	•	•	•	•		•	•		
	NB	148		•		•	•	•	•	•		•	•		
	SB	150		•		•	•	•	•	•		•	•		
	B	196		•		•	•	•	•	•		•	•		
	B	231		•		•	•	•	•	•		•	•		
69	B	50		•		•	•	•	•	•		•			
	NB	89		•		•	•	•	•	•		•	•		
	SB	93		•		•	•	•	•	•		•	•		
	B	124		•		•	•	•	•	•		•	•		
	SB	144		•		•	•	•	•	•		•	•		
70	EB	1	•		•	•	•	•	•	•	•	•	•		
	B	65		•		•	•	•	•	•		•	•		
	B	107		•		•	•	•	•	•		•	•		
	WB	114		•		•	•	•	•	•		•	•		
	B	144		•		•	•	•	•	•		•	•		
74	EB	1	•		•	•	•	•	•	•		•	•		
	B	23		•		•	•	•	•	•		•	•		
	B	57		•		•	•	•	•	•		•	•		
	B	152		•		•	•	•	•	•		•	•		
94	WB	43	•			•	•	•	•			•	•		

🛡	Exit	★	Ⓦ	Ⓢ	Ⓚ	Ⓣ
64	105		S			
65	4		W		W	W
	29AB		W			
	50AB		W		W	
	99			W		
	172		W	W		W
	253A		E	E		E
	253B				W	
	255			W		
69	3		E	E		
	26		W			W
	111AB			W		
	112AB		E			
	129		E			
70	7			S	S	
	104		S			
	156AB		S			S
74	66		S	S		

🛡	Exit	★	Ⓦ	Ⓢ	Ⓚ	Ⓣ
	13AB	1		E		
	12AB	1			W	W
	2AB	1				N
	52	1		S		
	116		S			
	134AB		S		S	
80/90	21				N	
	2AB	2			S	
	92		S	N		
94	2AB				S	
	26AB				S	
	34AB			N	N	
265	1					S
	3				S	
465	2AB					N
	12AB				W	W
	13AB			E		
	17					W

⬡	Exit	*	W	S	K	T
	27			S		S
	42					W

⬡	Exit	*	W	S	K	T
	46				W	E
	52					S

Notes: 1) follows I-465 numbering; 2) follows I-94 numbering.

Iowa

Rest Area Usage: There is a 24 hour stay limit, no camping or overnight parking is permitted.
Weather Information: Des Moines, 515-244-5611; Sioux City, 712-276-3248.
Road Conditions: 515-288-1047.
State Police: *General,* 515-281-5824; *Emergency,* 800-525-5555.
Tourism Contact: Iowa Division Of Tourism, 200 E Grand Ave, Des Moines IA 50309. *Phone:* 800-345-4692. *Internet:* www.traveliowa.com.

⬡	↗	MM	*	❓	🔪	⛺	🚻	☎	🪑	⛽	🏨	🐕	♿	🏔	✏
29	B	38		•		•	•	•	•		•		•	•	
	NB	78		•		•	•	•		•			•		
	SB	80		•		•	•	•		•			•		
	B	91		•											
	B	110		•		•	•	•		•	•		•		
	B	139		•		•	•	•	•	•	•		•	•	
	B	149	•			•	•	•	•						
35	NB	7		•		•	•	•	•	•	•		•	•	
	B	32		•		•	•	•	•	•		•		•	
	SB	51		•											
	NB	53		•											
	B	94		•		•	•	•	•			•	•		
	SB	119		•		•	•	•	•	•			•		
	NB	120		•		•	•	•	•	•		•	•		
	B	214	•			•	•	•	•	•		•	•		
80	B	19	1	•	•		•	•	•	•	•	•	•	•	
	B	32		•											
	WB	80		•		•	•	•	•	•	•	•	•		
	EB	81		•		•	•	•	•	•		•	•		
	B	119		•		•	•	•	•	•	•	•	•		
	B	147		•		•	•	•	•	•		•	•		
	B	180		•		•	•	•	•	•		•	•		
	B	208	2	•		•	•	•	•	•	•	•	•		
	B	225	3	•		•	•	•				•	•		
	B	237		•		•	•	•	•	•		•	•		
	B	270		•		•	•	•	•	•	•	•	•		

🛡	↗	MM	★	❓	🧭	⛺	🚻	🚹	🍽	⛽	💾	🐕	♿	🏞	✎
	B	300		•			•	•	•	•	•	•	•	•	
	B	306	4	•				•	•	•			•	•	
380	B	13		•			•	•	•	•	•		•		
680	WB	15			•			•		•				•	
	EB	16		•			•	•	•				•		
	WB	18			•			•	•	•				•	

Notes: 1) Welcome Center eb, Rest Area wb; 2) No Vending Machines wb; 3) South at exit to Welcome Center; 4) North at exit to Welcome Center.

🛡	Exit	★	W	S	K	T
29	3	1	s	s		
	143			E		
35	136	1			N	
	92			w		
	90		w			
74	1					S
	2		s	s		
	3				S	

🛡	Exit	★	W	S	K	T
80	3			s	s	
	5					N
	136				N	
	240					S
235	1				N	
	3			N	N	
380	24B		w	w		
	72					W

Notes: 1) follows I-80 numbering.

Kansas

Rest Area Usage: Parking, including overnight parking, is limited to one night. Camping is not permitted.
Weather Information: Topeka, 785-271-7575; Wichita, 316-838-2222.
Road Conditions: 785-291-3000 or 800-585-7623.
State Police: *General*, 785-296-6800; *Emergency*, 911.
Tourism Contact: Kansas Travel & Tourism, 700 SW Harrison St, Suite 1300, Topeka KS 66603. *Phone*: 800-252-6727. *Fax*: 785-296-6988. *Internet*: www.kansascommerce.com.

🛡	↗	MM	★	❓	🧭	⛺	🚻	🚹	🍽	⛽	💾	🐕	♿	🏞	✎
35	NB	1		•			•	•	•				•		
	B	175			•		•	•	•	•			•	•	
70	B	7	1	•	•		•	•	•				•	•	
	B	48			•		•	•	•	•	•		•	•	
	B	97		•			•	•	•	•	•		•	•	
	B	132			•		•	•	•	•	•		•	•	
	B	187		•			•	•	•			•	•		
	B	224			•		•	•	•	•		•	•		
	B	265		•			•	•	•			•	•		

○	↗	MM	*	?	↗	⛺	🚻	☎	⛱	🏕	🏪	🐕	♿	⛰	✎
	B	294			•		•	•	•		•	•	•		
	B	310		•		•	•	•		•		•	•	•	
	B	336			•		•	•	•		•	•	•		
	B	414				•			•						
135	B	23			•		•	•	•	•	•	•	•	•	
	B	68		•		•	•	•	•		•	•	•	•	

Notes: 1) Welcome Center eb, Rest Area wb.

○	Exit	*	W	S	K	T
35	42				W	
	50					E
	71		E			
	128		W			
	183AB		W			
	218			W		
	220					E
	224				E	
	227		E			
	228B					E
70	17		N			
	53		N			

○	Exit	*	W	S	K	T
	159		S			
	298			N		
	356AB		S	S	S	S
	224		S			
135	1AB				W	
	30		W			
	60		W			
	89			E	E		E
435	3					E
470	1B		W	W	W	
	2					W

Kentucky

Rest Area Usage: There is a 4 hour stay limit, no camping or overnight parking is permitted.
Weather Information: Kentucky Cities, 606-666-8000.
Road Conditions: 800-459-7623.
State Police: *General*, 502-227-2221; *Emergency*, 800-222-5555.
Tourism Contact: Kentucky Travel, PO Box 2011, Frankfort KY 40602.
Phone: 800-225-8747. *Internet*: www.kentuckytourism.com.

○	↗	MM	*	?	↗	⛺	🚻	☎	⛱	🏕	🏪	🐕	♿	⛰	✎
24	B	7		•		•	•	•	•		•	•		
	WB	93		•		•	•	•	•		•	•		
64	B	29		•		•	•	•	•		•	•		
	B	60		•		•	•	•	•		•	•		
	EB	98		•		•	•	•	•		•	•		
	WB	108		•		•	•	•	•		•	•		
	B	141		•		•	•	•	•		•	•		
	WB	173		•		•	•	•	•		•	•		

⊘	↗	MM	*	ℹ	↗	🏕	🚻	🌃	🍴	🔧	🏧	🐎	♿	⛰	📷
65	NB	1	•				•	•	•	•			•	•	
	SB	30		•			•	•	•	•			•	•	
	NB	39		•			•	•	•	•			•	•	
	SB	55		•			•	•	•	•			•	•	
	NB	81		•			•	•	•	•			•	•	
	SB	82		•			•	•	•	•			•	•	
	SB	114		•			•	•	•	•			•	•	
71	B	13		•			•	•	•	•			•	•	
	B	177 [1]		•	•		•	•	•	•	•		•		
75	NB	1		•			•	•	•	•			•	•	
	B	82		•			•	•	•	•			•	•	
	B	127		•			•	•	•	•			•	•	
	B	177 [2]		•	•		•	•	•	•	•			•	

Notes: 1) Welcome Center sb, Rest Area nb. Follows I-75 numbering; 2) Welcome Center sb, Rest Area nb.

⊘	Exit	*	W	S	K	T		⊘	Exit	*	W	S	K	T
24	4		S	S				75	11		W			
	7				S				38			E		
64	15		S						41				E	
	17			S					76			E		
	53AB		N		N				108					W
	113	1			W+				113				W+	
	94		S		S				125			W		
	110		S						126			W		
	137		S						159		E			
	172				N				181				W	
65	22				W				182		W	W		W
71	22			E				264	14				N	
	181	1			W				18AB				S	
	182	1	W	W		W		265	32		E			W

Notes: 1) follows I-75 numbering.

Louisiana

Rest Area Usage: There is no limit to length of stay, however, no camping or overnight parking is permitted.

Weather Information: New Orleans, 504-522-7330; Shreveport, 318-635-7575.

Road Conditions: 225-379-1541.

State Police: *General*, 504-471-2775; *Emergency*, Same.

Tourism Contact: Louisiana Office Of Tourism, PO Box 94291, Baton

Rouge LA 70804. *Phone*: 800-334-8626 and 225-342-8119. *Fax*: 225-342-8390. *Internet*: www.louisianatravel.com.

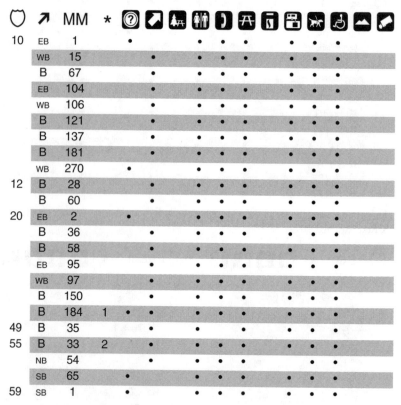

○	↗	MM	*	❓	⬈	⛺	🚻	☎	⛱	🔲	💾	🐾	♿	⛰	✏
10	EB	1	•			•	•	•			•	•	•		
	WB	15			•	•	•	•			•	•	•		
	B	67		•		•	•	•			•	•	•		
	EB	104			•	•	•	•			•	•	•	•	
	WB	106		•		•	•	•			•	•	•	•	
	B	121			•	•	•	•			•	•	•	•	
	B	137		•		•	•	•			•	•	•	•	
	B	181			•	•	•	•			•	•	•	•	
	WB	270	•			•	•	•			•	•	•		
12	B	28			•	•	•	•			•	•	•		
	B	60		•		•	•	•			•	•	•		
20	EB	2			•	•	•	•			•	•	•		
	B	36		•		•	•	•			•	•	•		
	B	58			•	•	•	•			•	•	•		
	EB	95		•		•	•	•			•	•	•		
	WB	97			•	•	•	•			•	•	•		
	B	150		•		•	•	•			•	•	•		
	B	184	1	•	•	•	•	•			•	•	•		
49	B	35		•		•	•	•				•	•		
55	B	33	2		•	•	•	•			•	•	•		
	NB	54		•		•	•	•				•	•		
	SB	65	•			•	•	•			•	•	•		
59	SB	1	•			•	•	•			•	•	•		

Notes: 1) Welcome Center wb, Rest Area eb; 2) RV Dump nb only.

○	Exit	*	W	S	K	T		○	Exit	*	W	S	K	T
10	23		N		N				239AB				N	
	64		S						244		N	N		
	82		S						266		S			
	100			N				12	6				N	
	103A		S		S				7		S			
	151		N						63AB		N			
	157A		S						80		S			
	158				S			20	10		S			
	163		S		N				22				N	
	221			N					85		N			
	223AB		S						86		N			
	225		S		S				114		N		S	
	228				N				120			S		

Exit	*	W	S	K	T
138		N			
1A (49)		S		S	
18		W			
80		W+	W+		

Exit	*	W	S	K	T
26 (55)			E		
31			E		E
12 (220)			S	S+	

Maine

Rest Area Usage: There is no limit to length of stay, however, no camping or overnight parking is permitted.
Weather Information: Bangor, 207-942-9480; Portland, 207-688-3210.
Road Conditions: 207-287-3427.
State Police: *General*, 800-228-0857; *Emergency*, Same (in Maine only).
Tourism Contact: Maine Publicity Bureau, PO Box 2300, Hallowell ME 04347. *Phone*: 888-624-6345. *Fax*: 207-623-0388. *Internet*: www.mainetourism.com.

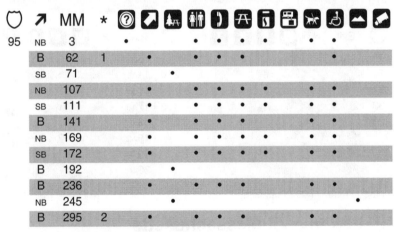

	↗	MM	*	facilities
95	NB	3	•	• • • • • •
	B	62	1	• • • • •
	SB	71	•	
	NB	107		• • • • • • •
	SB	111		• • • • • • •
	B	141		• • • • • •
	NB	169		• • • • • •
	SB	172		• • • • • • •
	B	192	•	
	B	236		• • • • • •
	NB	245		• •
	B	295	2	• • • • • •

Notes: 1) East at exit 17 to Rest Area; 2) West at exit 62 to Rest Area.

Exit	*	W	S	K	T
4	1	E			
7	1	E	E		
15AB		E			
30				E	
31			E	E	

Exit	*	W	S	K	T
33		E			
34				E	
39		W			
49		W	E	W	
62		W			

Notes: 1) follows Maine Turnpike numbering.

Maryland

Rest Area Usage: There is a 3 hour stay limit, no camping or overnight parking is permitted.

Weather Information: Baltimore, 410-936-1212.
Road Conditions: 800-327-3125.
State Police: *General,* 410-486-3101; *Emergency,* 911.
Tourism Contact: Maryland Office Of Tourism, 217 E Redwood St, 9th Floor, Baltimore MD 21202. *Phone*: 800-543-1036. *Fax*: 410-333-6643. *Internet*: www.mdisfun.org.

⬭	↗	MM	*	⊘	▱	♨	⛻	☏	🛣	ⓘ	🍴	🐾	♿	⛰	⛽
68	EB	6	•			•	•	•	•				•	•	
	B	64			•										•
	WB	72													•
	B	74		•		•	•	•	•				•		
	EB	75													•
70	B	39		•		•	•	•	•	•	•				
95	B	37	•		•	•	•	•	•	•	•				
270	WB	28		•									•		

⬭	Exit	*	**W**	**S**	**K**	**T**		⬭	Exit	*	**W**	**S**	**K**	**T**
68	40		S		S				85			E		
70	54		S	S				270	11AB			N		
81	5		E	E	E				16		N			N
83	20AB		W					495	17AB			W		
95	3	1			W			695	3A		W		W	
	17AB	1		W					15AB			W		
	67AB					E+			30AB					N
	77AB		W						32AB					N
									39		E			

Notes: 1) follows I-495 numbering.

Massachusetts

Rest Area Usage: There is no limit to length of stay, however, no camping or overnight parking is permitted.
Weather Information: Boston, 617-936-1234.
Road Conditions: 617-374-1234.
State Police: *General,* 617-727-8980; *Emergency,* 617-740-7600.
Tourism Contact: Massachusetts Office Of Travel & Tourism, 10 Park Plaza, Suite 4510, Boston MA 02116. *Phone*: 800-447-6277 or 800-227-6277. *Internet*: www.massvacation.com.

⬭	↗	MM	*	⊘	▱	♨	⛻	☏	🛣	ⓘ	🍴	🐾	♿	⛰	⛽
84	WB	5			•		•								
90	B	12		•											

⬡	↗	MM	★	⑦	◣	🏕	🚻	🚮	🏕	🛢	🖪	🐾	♿	⛰	📷
91	B	18				•								•	
	NB	34				•									
	B	54				•			•						
95	B	2				•									
	B	10	1	•		•		•	•	•			•		•
	SB	27				•									
	SB	33				•			•						
	SB	89				•									
195	EB	6			•			•	•	•			•		•
	WB	7				•									
	EB	37				•			•	•			•		
495	B	11				•				•					
	B	87				•		•							
	NB	110				•				•					
	SB	114				•			•						

Notes: 1) Welcome Center nb, Rest Area sb.

⬡	Exit	★	W	S	K	T
93	16				W	
	29				E	
95	2AB				E	
	57				E	
195	1		S	S		
	18		S+		S+	

⬡	Exit	★	W	S	K	T
295	1AB			E		
495	18			E		
	19				W	
	38			E	W	
	49				E	

Michigan

Rest Area Usage: There is a 4 hour stay limit, no camping or overnight parking is permitted.
Weather Information: Detroit, 313-961-8686; Grand Rapids, 616-949-4253.
Road Conditions: 800-337-1334.
State Police: *General*, 517-332-2521; *Emergency*, 911.
Tourism Contact: Travel Michigan, PO Box 30226, Lansing MI 48909. *Phone*: 800-543-2937. *Fax*: 517-373-0059. *Internet*: www.michigan.org.

⬡	↗	MM	★	⑦	◣	🏕	🚻	🚮	🏕	🛢	🖪	🐾	♿	⛰	📷
69	NB	6	•			•	•	•	•			•	•		
	NB	28		•		•	•	•				•	•		
	SB	41		•		•	•	•				•	•		
	WB	101		•		•	•	•				•	•		
	EB	126		•		•	•	•	•			•	•		

🛡	↗	MM	*	?	⤢	🌲	🚻	☎	🍽	🏧	🗑	🐕	♿	⛰	⛽
	EB	160			•		•	•	•			•	•		
	WB	174			•		•	•	•			•	•		
	B	274	1	•			•	•	•			•	•		
75	NB	10		•			•	•	•	•		•	•		
	B	95			•		•	•	•		•	•	•		
	B	129			•		•	•	•	•	•	•	•		
	NB	143			•		•	•	•				•		
	SB	158			•		•	•	•	•		•	•		
	NB	175			•		•	•	•	•		•	•		
	SB	201			•		•	•	•	•		•	•		
	NB	210			•		•	•	•	•		•	•		
	SB	235			•		•	•	•	•		•	•		
	NB	251			•		•	•	•	•		•	•		
	SB	262			•		•	•	•	•		•	•		
	NB	277			•		•	•	•	•		•	•		
	SB	287			•		•	•	•	•			•		
	NB	317			•		•	•	•	•		•	•		•
	SB	328			•		•	•	•	•		•	•		
	B	338		•			•	•	•				•		
	NB	343			•		•	•	•				•		
	SB	346			•		•	•	•			•	•	•	
	NB	389			•		•	•	•	•		•	•		
	B	394		•			•	•	•	•			•		
94	EB	0.5		•			•	•	•	•		•	•		
	EB	36			•		•	•	•	•		•	•		
	WB	42			•		•	•	•	•		•	•		
	EB	72			•		•	•	•			•	•		
	WB	85			•		•	•	•	•		•	•		
	EB	96			•		•	•	•			•	•		
	WB	113			•		•	•	•	•		•	•		
	EB	135			•		•	•	•	•		•	•		
	WB	150			•		•	•	•	•		•	•		
	EB	168			•		•	•	•	•		•	•		
	WB	251			•		•	•	•	•		•	•		
	EB	255			•		•	•	•	•		•	•		
	B	274		•			•	•	•			•	•		
96	WB	8			•		•	•	•	•		•	•		
	EB	25			•		•	•	•	•		•	•		
	WB	45			•		•	•	•	•			•		
	EB	63			•		•	•	•	•		•	•		
	WB	79			•		•	•	•	•		•	•		
	EB	87			•		•	•	•	•		•	•		

⬡	↗	MM	*	(i)	🧻	🌲	🚻	📞	⛱	⛽	🥤	🐾	♿	⛰	🧹
	WB	111		•		•	•	•	•		•	•			
	EB	135		•		•	•	•	•	•		•	•		
	WB	141		•		•	•	•	•			•	•		
	EB	161		•		•	•	•	•	•		•	•		
196	EB	27		•		•	•	•	•	•		•	•		
	WB	43		•		•	•	•	•	•		•	•		
	EB	58		•		•	•	•	•	•		•	•		
275	SB	4		•		•	•	•				•			
	NB	23		•		•	•	•				•			

Notes: 1) Follows I-94 numbering.

⬡	Exit	*	W	S	K	T
69	13		E		W	
	36			E		
	61		E		E	
	139				S	
	141		N		N	
	155				N+	
	199			S	S	
75	37			E		
	42				W	
	63			E		
	65AB				E	
	77AB		W+			
	83AB				W	
	117B			E	W	
	122				E	
	131				E	
	149AB				W	
	254				W+	
	282		W		W	
	392		E		E	
94	28					N
	29		N		N	
	76AB				S	S
	78			S		
	97		S	S	S	S
	98AB		S	S		S

⬡	Exit	*	W	S	K	T
	121				S	
	137			S	S	
	138					S
	142				S+	
	172				N	
	175					S
	181		N			
	185				N	
	187				S	
	231				N	N
	232			S		
	243				N	N
96	30AB		N	N	N	N
	43AB		N	S	S	S
	104				N	N
	145				S	S
	162				N	
	167					S
	176			S		
196	20		E			
	67		W			
	69AB				W	W
275	25				W	W
	28				W	
	167	1				S
475	13			S		
696	10				N	

Notes: 1) follows I-96 numbering.

Minnesota

Rest Area Usage: There is a 6 hour stay limit, no camping or overnight parking is permitted.
Weather Information: Duluth, 218-723-8340; Minneapolis, 612-361-6680.
Road Conditions: 651-405-6030 and 800-542-0220.
State Police: *General*, 612-297-3935; *Emergency*, 911.
Tourism Contact: Minnesota Office Of Tourism, 500 Metro Square, 121 E Seventh Pl, St Paul MN 55101. *Phone*: 800-657-3700 or 651-296-5029. *Fax*: 651-296-2800. *Internet*: www.exploreminnesota.com.

⚪	↗	MM	★	?	✎	⛺	🚻	☎	⛱	🏪	🐾	♿	▲	✒
35	NB	1	•				•	•	•	•					
	B	35			•		•	•	•	•		•	•		
	NB	68			•		•	•	•	•		•	•		
	SB	76			•		•	•	•	•		•	•		
	SB	131			•		•	•	•	•		•	•		
	NB	154			•		•	•	•	•		•	•		
	NB	198			•		•	•	•	•		•	•		
	SB	209			•		•	•	•	•		•	•		
	NB	226			•		•	•	•	•		•	•		
	B	249			•		•	•	•	•			•		
90	EB	0	•				•	•	•				•		
	EB	24			•		•	•	•	•		•	•		
	WB	25			•		•	•	•			•	•		
	EB	69			•		•	•	•	•		•	•		
	WB	72			•		•	•	•	•		•	•		
	B	118			•		•	•	•	•		•	•		
	EB	162			•		•	•	•	•			•		
	WB	171			•		•	•	•	•		•	•		
	EB	202			•		•	•	•	•		•	•		
	WB	222			•		•	•	•	•		•	•		
	EB	244			•		•	•	•	•		•	•		
	B	275		•			•	•	•	•		•	•		
94	EB	2	•				•	•	•	•			•		
	EB	60			•		•	•	•	•		•	•		
	WB	69			•		•	•	•	•		•	•		
	EB	99			•		•	•	•	•		•	•		
	WB	105			•		•	•	•	•			•		
	B	152			•		•	•	•	•		•	•		
	WB	178			•		•	•	•	•		•	•		
	EB	187			•		•	•	•	•		•	•		
	EB	214			•		•	•	•				•		
	WB	256		•			•	•	•	•		•	•		

⊙	Exit	*	W	S	K	T
35	41					W
	42AB	E				
	55			E+		
	56	E				
	88B	1				W
	93	1				W
	109	1	W			
	115	1	W			W
	131		E	W	E	
	169	E				
	237	W+				
	252			W		
35W	1		W	W		
	21AB					W
90	43			S		
	102			S		
	119	S				
	154	S+				
	177			N	N	
94	54	S		N	N	
	103	N		N		

⊙	Exit	*	W	S	K	T
	167AB		N+			
	193			N		
	213					S
	215			N		
	34	2				S
	229					S
	238				N	N
	239AB				N	N
	245					S
494	23					E
	11AB					N
	6A					S
	3		S			S
	67			N+	N+	N+
	60					S
	59					E
694	34					S
	38AB				S	S
	43A					S
	50					E
	57			W		

Notes: 1) follows I-35E numbering; 2) follows I-694 numbering.

Mississippi

Rest Area Usage: There is no limit to length of stay and overnight parking is permitted. Camping is not allowed.
Weather Information: Jackson, 601-354-3333; Tupelo, 601-842-8422.
Road Conditions: 601-987-1212.
State Police: *General,* 601-987-1530; *Emergency,* 911.
Tourism Contact: Mississippi Division Of Tourism, PO Box 1705, Ocean Springs MS 39566. *Phone:* 800-927-6378. *Fax:* 800-873-4780. *Internet:* www.visitmississippi.org.

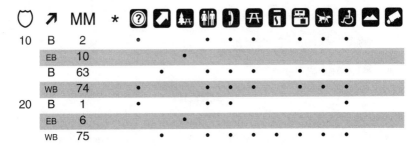

⊙	↗	MM	*	?	✎	⛺	🚻	⬤	🍽	⬚	🏢	🐾	♿	🚐
10	B	2	•			•	•	•			•	•	•	
	EB	10				•								
	B	63			•		•	•	•		•	•	•	
	WB	74	•		•	•	•	•	•		•	•	•	
20	B	1	•			•		•	•			•		
	EB	6				•								
	WB	75			•		•	•	•	•	•	•	•	

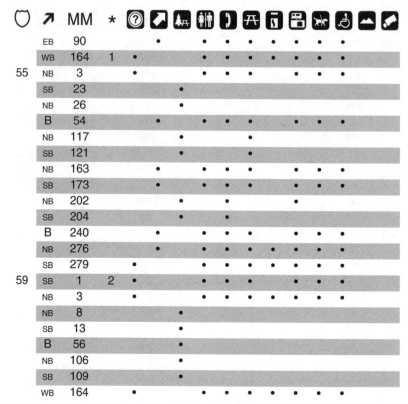

Rte	Dir	MM	★	Info	Brochure	Camping	Restrooms	Phone	Picnic	Dump	Vending	Pets	Handicap	Scenic	RV
55	EB	90			•		•	•	•	•		•	•	•	
	WB	164	1	•			•	•	•	•	•	•	•	•	
	NB	3		•			•	•	•		•	•	•		
	SB	23				•									
	NB	26				•									
	B	54			•		•	•	•		•	•	•		
	NB	117				•		•							
	SB	121				•		•							
	NB	163			•		•	•	•		•	•	•		
	SB	173			•		•	•	•		•	•	•		
	NB	202				•		•		•					
	SB	204				•		•							
	B	240			•		•	•	•		•	•	•		
	NB	276			•		•	•	•	•	•	•	•	•	
	SB	279		•			•	•	•	•	•	•	•		
59	SB	1	2	•			•	•	•	•	•	•	•	•	
	NB	3		•			•	•	•	•	•	•	•		
	NB	8				•									
	SB	13				•									
	B	56				•									
	NB	106				•									
	SB	109				•									
	WB	164		•			•	•	•	•	•	•	•		

Notes: 1) Follows I-59 numbering; 2) In Louisiana.

Rte	Exit	★	W	S	K	T
10	34AB		S	S		
20	1C		S		S	
	36		N			
	42AB		S			
	88		N			
	109		S			
	154AB	1	S		S	
55	18		E			
	40		E			
	61		E			

Rte	Exit	★	W	S	K	T
	102B				W	
	103		E	E		W
	206		E			
	243AB		W			
	291		E		E	
	289		E			
59	4		E			
	65AB		W	W	W	
	154AB		S		S	
220	1AB				W	

Notes: 1) follows I-59 numbering.

Missouri

Rest Area Usage: There is no limit to length of stay and overnight parking is permitted. Camping or sleeping outside of vehicle is not allowed.

Weather Information: Kansas City, 816-540-6021; St Louis, 314-321-2222.
Road Conditions: 800-222-6400.
State Police: *General*, 573-751-3313; *Emergency*, 800-525-5555 (limited).
Tourism Contact: Missouri Division Of Tourism, PO Box 1055, Jefferson City MO 65102. *Phone*: 800-877-1234 and 573-751-4133. *Internet*: www.missouritourism.org.

🛡	↗	MM	★	?	◪	🌲	🚻	☎	⛺	⛽	🏪	🐾	♿	🏔	📷
29	B	27		•			•	•	•	•			•	•		
	B	82				•		•	•	•	•			•	•	
	SB	109	•				•	•	•	•			•	•		
35	NB	34				•		•	•	•	•			•	•	
	SB	35				•	•	•	•	•				•	•	
	B	81				•	•	•	•	•				•	•	
44	B	2	1	•		•	•	•	•	•				•		
	B	52				•	•	•	•	•				•	•	
	B	111				•		•	•	•	•			•	•	
	B	178				•		•	•	•	•			•	•	
	B	235				•		•	•	•				•	•	
55	B	3				•	•	•	•	•				•	•	
	B	42	2	•		•	•	•	•	•				•		
	B	110				•		•	•	•	•			•	•	
	B	160				•		•	•	•				•	•	
70	B	57				•		•	•	•				•	•	
	B	104				•		•	•	•	•			•	•	
	EB	167				•		•	•	•	•			•	•	
	WB	169				•		•	•	•				•	•	
	B	198				•		•	•	•	•			•	•	
270	B	34	•	•			•	•	•							•

Notes: 1) Welcome Center eb, Rest Area wb; 2) Welcome Center nb, Rest Area sb.

🛡	Exit	★	W	S	K	T		🛡	Exit	★	W	S	K	T
29	1c				E				161AB		S			
	6					W			184		S	S		
	47		W						208		S			
35	16		W		E				226		S			
	54		W						261		N			
	92		W						277					N
44	8AB			N	N	N		55	96		W	W	E+	W
	77		S						129		E			
	80AB		S		S				174AB		E+			
	100		S						175		E			
	129		S		N				191					E

Exit	Exit	*	W	S	K	T
	197				E	
57	10		W			
64	31A					S
70	12				N	
	15B		N			
	103		N			
	124		S	S		
	193		N			
	208		S			
	217				S	
	225			S	N	

Exit	Exit	*	W	S	K	T
	227		S	S		
	228				S	
	234			N	N	N
255	1A			S	N	
	2		N			
270	20B				E	E
	29		S	S		
	30					N
	31AB				S+	
435	3	1				E
	69			E		

Notes: 1) in Kansas.

Montana

Rest Area Usage: There is no limit to length of stay and overnight parking is permitted. Camping or sleeping outside of vehicle is not allowed.
Weather Information: Billings, 406-652-1916; Missoula, 406-721-3939.
Road Conditions: 800-332-6171 and 406-444-6339.
State Police: *General*, 406-444-7000; *Emergency*, 800-525-5555.
Tourism Contact: Travel Montana, 1424 Ninth Ave, Helena MT 59620.
Phone: 800-541-1447. *Internet*: www.visitmt.com.

Route	↗	MM	*	?	🏞	⛺	🚻	)	⛏	🗑	🐕	♿	⛰	✎
15	B	34			•		•	•	•			•	•	
	SB	55			•		•		•			•	•	
	B	109			•		•	•	•			•	•	
	SB	130					•							•
	B	138			•			•						•
	NB	161					•							
	B	178			•		•	•	•			•	•	
	SB	205					•							
	B	222				•	•	•	•					
	B	239			•		•	•	•			•	•	
	SB	245			•									•
	B	288					•							
	B	319			•		•	•	•			•	•	
	NB	361					•							
	B	397			•		•	•	•	•	•	•	•	
90	B	4			•		•		•			•	•	
	B	58			•		•	•	•			•	•	
	EB	72					•							

⬡ ↗	MM	*	①	②	③	④	⑤	⑥	⑦	⑧	⑨	⑩	⑪	⑫
WB	73		•											
B	128		•											
B	143		•		•	•	•			•	•			
B	168		•		•	•	•			•	•			
WB	210		•											
B	235		•		•	•	•			•	•			
EB	237		•											
EB	238													•
B	321		•											
B	381		•		•	•	•			•	•			
B	419		•		•	•	•			•	•			
B	477		•		•	•	•			•	•			

94	↗	MM	*	①	②	③	④	⑤	⑥	⑦	⑧	⑨	⑩	⑪	⑫
	EB	38		•		•	•	•			•	•			
	WB	41		•		•	•	•			•	•			
	B	65		•		•	•	•			•	•			
	WB	113		•		•	•	•		•	•	•	•		
	EB	114		•		•	•	•		•	•	•			
	B	192		•		•	•	•			•	•			
	B	242		•		•	•	•			•				

15	Exit	*	W	S	K	T		90	Exit	*	W	S	K	T
	127		S		S				127	1	S		S	
	192AB			E					306		S		S	
	193				W				101					S+
	278				E+	E+		94	138		N		N	
	282			E+					213				S	

Notes: 1) follows I-15 numbering.

Nebraska

Rest Area Usage: There is a 5 hour stay limit, no camping or parking overnight is permitted.
Weather Information: Grand Island, 308-384-1907; Omaha, 402-392-1111.
Road Conditions: 402-479-4512 (weekdays), 402-471-4533 (winter).
State Police: *General*, 402-471-4545; *Emergency*, 800-525-5555 (limited).
Tourism Contact: Nebraska Division Of Travel & Tourism, PO Box 98907, Lincoln NE 68509. *Phone*: 800-228-4307. *Fax*: 402-471-3026. *Internet*: www.visitnebraska.org.

⬡ ↗	MM	*	①	②	③	④	⑤	⑥	⑦	⑧	⑨	⑩	⑪	⑫
80	EB	9		•		•	•	•			•	•			
	EB	18					•								

	↗	MM	*	?	🏕	🌲	🚻	☎	⛑	⛽	🏪	🦌	♿	⛰	🎣
	WB	25		•			•	•	•				•	•	
	EB	51		•			•	•	•	•			•	•	
	WB	61		•			•	•	•				•	•	
	EB	82		•			•	•	•	•			•	•	
	WB	87		•			•	•	•				•	•	
	EB	99			•										•
	EB	124		•			•	•		•			•	•	
	WB	132		•			•	•		•			•	•	
	B	159		•			•	•	•				•	•	
	B	194		•			•	•	•	•			•	•	
	EB	226		•			•	•		•			•	•	
	WB	227		•			•	•	•	•			•	•	
	EB	269		•			•	•	•				•	•	
	WB	270		•			•	•	•				•	•	
	EB	314		•			•	•	•	•			•	•	
	WB	316		•			•	•	•	•			•	•	
	EB	350		•			•	•	•				•	•	
	WB	355		•			•	•	•	•			•	•	
	WB	375		•			•	•	•				•	•	
	EB	381		•			•	•	•	•			•	•	
	WB	405		•			•	•	•				•	•	
	EB	425		•			•	•	•	•			•	•	
	WB	431		•			•	•	•				•	•	
680	EB	16	1	•			•	•	•				•	•	
	WB	19	1	•			•	•	•				•	•	

Notes: 1) In Iowa.

	Exit	*	W	S	K	T			Exit	*	W	S	K	T
80	177		N							445			N		
	237		N						680	5			W		
	403			S+	S+										

Nevada

Rest Area Usage: There is a 24 hour stay limit unless otherwise posted. Camping and overnight parking are permitted.

Weather Information: Elko, 775-738-3018; Las Vegas, 702-248-4800; Reno, 775-785-2260.

Road Conditions: 702-486-3116 (south), 775-793-1313 (northwest), 775-738-8888 (northeast).

State Police: *General*, 651-486-4100; *Emergency*, 911.

Tourism Contact: Nevada Commission On Tourism, 401 N Carson St, Carson City NV 89701. *Phone*: 800-638-2328. *Internet*: www.travelnevada.com.

🛡	↗	MM	★	?	➜	🌲	🚻	☎	🍽	⛽	🏪	🐾	♿	⛰	🔦
15	B	1			•		•	•					•		
	B	12		•			•	•					•		
	B	87				•									
	B	96	1			•									
	B	110	1			•									
	B	122		•			•	•	•				•	•	
80	EB	4				•									•
	B	6				•									•
	EB	27				•									•
	WB	42			•		•	•	•			•	•	•	
	B	83			•		•	•	•				•		
	B	158			•		•	•	•			•	•	•	
	B	187			•		•	•	•			•	•	•	
	B	216			•		•	•	•			•	•	•	
	B	258			•		•		•			•	•	•	
	B	270				•									
	EB	354				•									
	B	373				•			•						
	B	410		•			•	•						•	

Notes: 1) Truck parking.

🛡	Exit	★	W	S	K	T
80	10				S	
	19					N

🛡	Exit	★	W	S	K	T
	176				S	
	301				N	N

New Hampshire

Rest Area Usage: There is a 4 hour stay limit unless emergency conditions exist. No camping or overnight parking is permitted.
Weather Information: Berlin, 603-752-2211.
Road Conditions: 603-271-6900.
State Police: *General,* 603-271-3636; *Emergency,* 800-525-5555.
Tourism Contact: New Hampshire Tourism, PO Box 1856, Concord NH 03302. *Phone:* 800-386-4664. *Fax:* 603-924-9441. *Internet:* www.visitnh.gov.

🛡	↗	MM	★	?	➜	🌲	🚻	☎	🍽	⛽	🏪	🐾	♿	⛰	🔦
89	SB	26			•		•	•	•	•			•	•	
	NB	40		•			•	•	•	•			•	•	
93	NB	1		•			•	•	•	•			•	•	
	B	31		•			•	•	•	•				•	
	NB	51			•		•	•	•				•	•	

🛡	↗	MM	★	ⓘ	🖼	🌲	🚻	📞	🍽	⛽	🏧	🐾	♿	⛰	🔦
	SB	61					•		•	•	•		•	•	
	B	130	•				•	•	•			•	•	•	
	NB	1	1 •				•	•	•	•		•	•		
95	NB	0.5	•				•	•	•			•	•		

Notes: 1) in Vermont.

🛡	Exit	★	W	S	K	T
89	20		W			E
93	1					E
	4				W	
	20		W			

🛡	Exit	★	W	S	K	T
	42		W			
95	1			E	W	
	5					W
293	1					S

New Jersey

Rest Area Usage: There is no limit to length of stay. Camping is not permitted but limited overnight parking is allowed.
Weather Information: Newark, 973-976-1212.
Road Conditions: 732-247-0900 (turnpike), 732-727-5929 (Garden State Pky).
State Police: *General,* 609-882-2000; *Emergency,* Same.
Tourism Contact: New Jersey Division Of Travel & Tourism, 20 W State St, Trenton NJ 08625. *Phone:* 800-537-7397. *Fax:* 609-777-4097. *Internet:* www.visitnj.org.

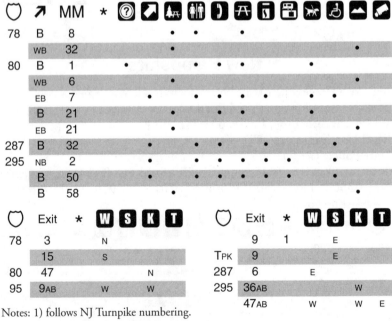

🛡	↗	MM	★	ⓘ	🖼	🌲	🚻	📞	🍽	⛽	🏧	🐾	♿	⛰	🔦
78	B	8				•	•		•						
	WB	32			•										•
80	B	1	•				•	•	•			•			
	WB	6			•										•
	EB	7		•			•	•	•	•		•	•		
	B	21			•		•	•	•			•			
	EB	21			•										•
287	B	32			•		•	•		•			•		
295	NB	2		•			•	•	•	•		•			
	B	50			•		•	•	•	•	•		•		
	B	58			•										•

🛡	Exit	★	W	S	K	T
78	3		N			
	15			S		
80	47				N	
95	9AB		W		W	

🛡	Exit	★	W	S	K	T
	9	1		E		
TPK	9			E		
287	6		E			
295	36AB				W	
	47AB		W		W	E

Notes: 1) follows NJ Turnpike numbering.

New Mexico

Rest Area Usage: There is a 24 hour stay limit and overnight parking is permitted. Camping or sleeping outside of vehicle is not allowed.
Weather Information: Albuquerque, 505-821-1111.
Road Conditions: 505-827-5154 or 800-432-4269.
State Police: *General*, 505-827-9300; *Emergency*, 505-827-9126.
Tourism Contact: New Mexico Department Of Tourism, 491 Old Santa Fe Trail, Santa Fe NM 87503. *Phone*: 800-733-6396. *Internet*: www.newmexico.org.

○	↗	MM	★	?	/	⛺	👥	)	⛴	🪑	💾	🐕	♿	⛰	✂
10	B	20	•			•	•				•		•		
	EB	53		•		•	•	•	•	•	•	•	•		
	WB	61		•		•		•			•	•	•		
	EB	120			•										
	EB	135		•		•		•	•	•	•	•	•	•	
	WB	164		•		•	•	•	•	•	•	•	•		
25	B	23		•		•		•	•		•	•	•		
	NB	27			•			•							•
	B	67			•			•							
	B	114		•		•	•	•			•	•			
	B	165			•										
	B	167		•		•		•	•		•	•			
	SB	267		•		•	•	•			•	•			
	NB	269		•		•	•	•	•	•	•	•			
	B	325		•			•								
	B	360			•			•							
	NB	374		•		•		•		•	•	•			
	SB	376		•		•		•		•	•	•			
	B	434		•		•		•		•	•	•			
40	EB	2		•		•		•		•	•			
	B	22		•		•		•		•					
	B	39		•		•	•	•		•	•	•			
	B	102		•		•	•	•			•	•			
	B	113			•									•	
	EB	152			•									•	
	B	207		•		•		•		•	•			
	B	220			•										
	B	252		•		•	•	•		•	•	•			
	B	302		•		•	•	•		•	•	•			
	WB	373		•		•	•	•		•	•			

○	Exit	*	W	S	K	T
10	82AB				s	
	83				s	
25	3		W			E
	6AB				E	
	191		E+			
	203		E+			
	278		W+	W+		

○	Exit	*	W	S	K	T
	450			W		
	451			W		
40	20		N		N	
	85		N			
	160		N			S
	165		S	S		N
	333				N+	

New York

Rest Area Usage: There is a 3 hour stay limit, camping and overnight parking are not permitted.
Weather Information: Buffalo, 716-844-4444; Syracuse, 315-474-8481.
Road Conditions: 800-847-8929 (NY Thruway).
State Police: *General*, 518-457-6811; *Emergency*, 911.
Tourism Contact: New York State Department Of Economic Development, Division Of Tourism, PO Box 2603, Albany NY 12220. *Phone*: 800-225-5697. *Fax*: 518-486-6416. *Internet*: www.iloveny.state.ny.us.

○	↗	MM	*	🛈	⬈	⛺	🚻	👤	🏕	▢	▣	🐕	♿	⛰	📷
81	NB	2		•		•	•	•	•					•	•	
	NB	14		•		•	•	•								
	SB	33		•		•	•	•	•					•	•	
	NB	45			•		•									
	NB	60		•		•	•	•	•					•	•	
	SB	101		•		•	•	•	•	•				•	•	
	NB	103			•											
	B	134			•											
	SB	147		•		•	•	•	•					•	•	
	NB	149			•		•									
	B	156			•											
	NB	161			•											
	SB	168			•			•								
	NB	174		•		•	•	•	•	•				•	•	
	SB	178		•		•	•	•						•	•	
84	B	3			•											•
	EB	17		•		•	•	•	•	•				•	•	
	WB	24		•		•	•	•	•	•				•	•	
	B	55		•		•	•	•	•					•	•	
87	NB	99	1		•		•	•								
	SB	103	1		•		•									
	SB	139	1		•		•	•								

🛡	↗	MM	*	?	↗	⛺	🚻	🍴	🪑	☎	🗑	🐕	♿	⛰	🛢
	NB	14		•			•	•	•	•		•	•		
	B	43		•			•	•	•	•		•	•		
	NB	63				•			•						
	SB	65					•		•						
	B	83	2	•			•	•	•	•	•		•	•	•
	B	99		•			•	•	•	•		•	•		
	B	123		•			•	•	•	•	•		•	•		
	B	162			•			•	•	•			•	•		
88	EB	39		•			•	•	•	•		•	•		
	WB	43		•			•	•	•	•		•	•		
	EB	73		•			•	•	•	•		•	•		
	WB	79		•			•	•	•	•		•	•		
90	B	442	1			•		•	•						
	EB	353	1				•	•	•						
	WB	318	1			•		•	•						
	WB	256	1				•	•	•						
	EB	250	1				•	•	•						
	B	184	1			•	•	•	•						
	WB	18			•		•	•	•	•	•		•	•	
495	B	51				•			•						

Notes: 1) Follows NY Thruway numbering; 2) Scenic Vista nb.

🛡	Exit	*	W	S	K	T
81	26				E	
	44				E+	
	45		W	W	W	
84	4		N	N	N	
	7			S		
	13		N	N		
87	12	1				W
	9				W	
	15			E	E	
	37			E	E	W
88	9				N	
	15		S	S		
90	59	1	S	S		

🛡	Exit	*	W	S	K	T
	52	1	N		S	N
	48	1	S		S	
	45	1	S			
	31	1	N			
	30	1			N	
	1S			S	S	
	9			N		
95	11				E	
190	23		W		E	
290	3AB				S	
390	13		E	E		E
490	29				S	
495	63				N	
	64			N		

Notes: 1) follows NY Throughway numbering.

North Carolina

Rest Area Usage: There is a 4 hour stay limit, camping and overnight parking are not permitted.

Weather Information: Asheville, 864-848-3859; Raleigh, 919-515-8225; Statewide, 919-549-5100 (selection 6611 & 6612).
Road Conditions: 919-549-5100 (selection 7623).
State Police: *General*, 919-733-3861; *Emergency*, Same.
Tourism Contact: North Carolina Travel & Tourism, 301 N Wilmington St, Raleigh NC 27699. *Phone*: 800-847-4862. *Fax*: 919-715-3097. *Internet*: www.visitnc.com.

⬡	↗	MM	✱	ℹ️	⬈	⛺	🚻	🌙	🪑	🏪	💺	🐾	♿	☁	✒️
26	B	10			•		•	•	•	•				•	
	WB	36				•		•	•	•	•			•	
40	B	10	1	•	•		•	•	•	•			•	•	
	EB	67	2												•
	B	82			•		•	•	•	•	•	•	•	•	
	B	136			•		•	•	•	•			•	•	
	B	177			•		•	•	•	•				•	
	B	139	3		•		•	•	•	•				•	
	B	324			•		•	•	•	•			•	•	
	B	364			•		•	•	•	•			•	•	
77	NB	1		•			•	•	•	•			•	•	
	B	39			•		•	•	•	•					
	SB	63			•		•	•	•	•			•	•	
	NB	72			•		•	•	•	•	•		•	•	
	SB	105		•			•	•	•	•					
85	NB	2		•			•		•	•			•	•	
	SB	6			•		•	•	•	•			•	•	
	B	59			•		•	•	•	•				•	
	B	100			•		•	•	•	•			•	•	
	B	139			•		•	•	•	•			•	•	
	B	199			•		•	•	•	•			•	•	
	SB	231		•			•	•	•	•			•	•	
95	NB	5		•			•	•	•	•			•	•	
	B	48			•		•	•	•	•			•		
	B	60				•									
	B	99			•		•	•	•	•			•	•	
	B	142			•		•	•	•	•			•	•	
	SB	181		•			•	•	•	•			•	•	

Notes: 1) Welcome Center eb, Rest Area wb; 2) There are 3 Runaway Truck Ramps between milemarker 67 and 71 for eastbound travelers; 3) Follows I-85 numbering.

⬡	Exit	✱	W	S	K	T
26	2					s
	18AB			s		s

⬡	Exit	✱	W	S	K	T
40	27			s+		
	103			s		

Exit	*	W	S	K	T
125				S	
130					N
151		N			
170		S			
184				S	
189			S		
192				S	
214AB		S	S	S	S
124	1			E	
141	1	W		W	
145	1			W	
270		N			
287				S	
298AB		S			
77 4				E	
5					E
25					E
36			E		
50				E	
85 20				E	E

Exit	*	W	S	K	T
21		E	E	E	
45		E	E		
58					W
75		W			
76AB				W	
91		W			
103				E	
121				E	
124				E	
141		W		W	
145				W	
164		W			
177A				W	
204		W			
212		W			
213		W		W	
95 20				E	
121		E+		E+	
173		W			
240 3A				N	N
7					S

Notes: 1) follows I-85 numbering.

North Dakota

Rest Area Usage: There is no limit to length of stay, however, no camping or overnight parking is permitted.
Weather Information: Fargo, 701-235-2600; Minot, 701-852-5252.
Road Conditions: 701-328-7623; *Construction*, 701-328-2565.
State Police: *General*, 701-328-2455; *Emergency*, 800-472-2121.
Tourism Contact: North Dakota Department Of Tourism, 604 E Boulevard Ave, Bismarck ND 58505. *Phone*: 800-435-5663. *Fax*: 701-328-4878. *Internet*: www.ndtourism.com.

Shield	↗	MM	*	?												
29	NB	3	•			•	•	•			•	•	•		
B		40		•		•	•	•	•	•	•	•	•		
B		74		•		•	•	•	•	•	•	•			
B		99		•		•	•	•	•	•	•	•	•		
B		179		•		•	•	•	•	•	•	•			
B		216			•										
94	EB	1			•										

🛡 ↗	MM	*	?	↗	🏕	🚻	)	🏕	⛽	🏧	🐕	♿	⛰	📖
EB	12		•		•	•	•					•	•	
WB	15		•		•	•	•					•	•	
EB	21			•										•
B	32		•		•	•	•	•					•	•
B	71		•		•	•	•			•	•		•	
B	94		•		•	•	•			•	•	•	•	
B	119		•		•	•	•			•	•	•		
WB	135			•										•
EB	152			•										•
B	168		•		•	•	•	•	•	•		•		
EB	221		•		•	•	•	•	•	•	•			
WB	224		•		•	•	•	•	•	•	•	•		
B	254		•		•	•	•	•	•	•	•		•	
B	304		•		•	•	•	•	•		•	•		

🛡	Exit	*	W	S	K	T
29	64		W	W	W	W
	138			E	E	E
94	61		N		N	
	159				N	

🛡	Exit	*	W	S	K	T
	258			S		S
	348		N+	N+	N+	N+
	351				S	

Ohio

Rest Area Usage: There is a 3 hour stay limit, no camping or overnight parking is permitted.

Weather Information: Canton, 330-454-5454; Cincinnati, 513-241-1010; Toledo, 419-936-1212.

Road Conditions: 614-466-7170 (weekdays), 888-876-7453 (turnpike).

State Police: *General*, 614-466-2660; *Emergency*, 911.

Tourism Contact: Ohio Travel & Tourism, PO Box 1001, Columbus OH 43216. *Phone*: 800-282-5393 or 800-848-1300. *Fax*: 614-466-6744. *Internet*: www.ohiotourism.com.

🛡 ↗	MM	*	?	↗	🏕	🚻	)	🏕	⛽	🏧	🐕	♿	⛰	📖
70 B	3	1	•	•		•	•	•	•			•	•	
B	71		•		•	•	•	•				•		
B	131		•		•	•	•				•			
WB	163		•		•	•	•				•			
EB	189		•		•	•	•				•			
B	211		•		•	•	•			•	•			
71 B	34		•		•	•	•	•		•	•	•		
B	68		•		•	•	•	•		•	•			

⬡	↗	MM	*	ⓘ	scenic	camp	restroom	water	picnic	fuel	vending	pet	♿	mountain	phone
	B	128			•		•	•	•			•	•		
	B	180			•		•	•	•	•		•	•		
	B	196			•		•	•	•	•		•	•		
	SB	224			•		•	•	•			•	•		
	NB	225			•		•	•	•			•	•		
75	B	27			•		•	•	•	•		•	•		
	B	81			•		•	•	•	•		•	•		
	B	114			•		•	•	•	•		•	•		
	B	153			•		•	•	•	•		•	•		
	B	179			•		•	•	•	•		•	•		
76	B	45			•		•	•	•			•	•		
77	NB	3			•		•	•	•	•		•	•		
	SB	36			•		•	•	•			•	•		
	NB	39			•		•	•	•			•	•		
	B	85			•		•	•	•			•	•		
	B	141			•		•	•	•	•		•	•		
80	WB	237	•				•	•	•	•		•	•		
90	B	198			•		•	•	•	•		•	•		
	WB	242	•				•	•	•	•		•	•		
271	B	8			•		•	•	•	•		•	•		

Notes: 1) Welcome Center eb, Rest Area wb.

⬡	Exit	*	W	S	K	T
70	36		N		S	N
	91AB		N	N		
	110			S		S
	178				N	
	218		N	N	S	
71	8		W	W	W	
	19		E			
	100				W	
	226			W		
	231					W
	234		W			
	235				W	
74	1				S	
	14			N		
75	22		W			
	32		W			W
	44		E		E	
	60				W	

⬡	Exit	*	W	S	K	T
	74		W			
	92		W			
	125			E	E	E
	193					E
76	9				N	
77	1			E		W
	81			E	E	
	109AB					W
	111		W			
	120			E		E
	137AB			E	E	E
90	59	1			N	
	156				S	
	184A				S	
	186				S	
	187			S		
	241				N	
270	37				N	

⬡ Exit	★	W	S	K	T
32		W	W		
15		W			
13AB				E	
271 18		W			
19		W	W		
23			E		
275 57			E		
46			N		
39			N		
33		N			
475 8AB			W	W	

⬡ Exit	★	W	S	K	T
13					E
480 6AB			N		
13			S	S	
15					S
675 2					W
7			E		
10					E
17			E	E	
Tpk 59					N
145			N	N	N
187		S			

Notes: 1) follows Ohio Turnpike numbering.

Oklahoma

Rest Area Usage: There is no limit to length of stay and overnight parking is permitted. Camping is not allowed.
Weather Information: Oklahoma City, 405-478-3377; Tulsa, 918-743-3311.
Road Conditions: 405-425-2385; *Construction*, 405-521-6000.
State Police: *General*, 405-425-2424; *Emergency*, Same.
Tourism Contact: Oklahoma Tourism & Recreation Department, PO Box 52002, Oklahoma City OK 73152. *Phone*: 800-652-6552. *Fax*: 405-522-5357. *Internet*: www.travelok.com.

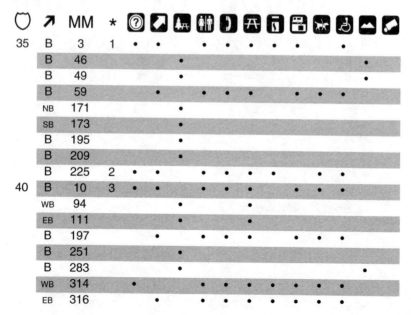

⬡	↗	MM	★	?	↗	🏕	🚻	📞	☕	🛏	🐾	♿	⛰	✏
35	B	3	1	•	•		•	•	•	•	•		•	
	B	46				•								•
	B	49				•								•
	B	59			•		•	•	•		•	•	•	
	NB	171				•								
	SB	173				•								
	B	195				•								
	B	209				•								
	B	225	2	•	•		•	•	•	•		•	•	
40	B	10	3	•	•		•	•	•		•	•	•	
	WB	94				•		•						
	EB	111				•		•						
	B	197			•		•	•	•		•	•	•	
	B	251				•								
	B	283				•								•
	WB	314		•			•	•	•	•	•	•	•	
	EB	316			•		•	•	•	•	•	•	•	

⬠	↗	MM	*	?	/	⛺	👥	)	🪑	⛽	🗑	🐾	♿	⛰	✎
44	B	20		•			•		•	•	•				•
	EB	60				•			•						
	WB	63				•			•						
	WB	96				•			•						
	EB	100				•			•						
	B	153				•		•	•						
	WB	166				•		•	•						
	EB	171				•		•	•						
	EB	189				•			•						
	WB	191				•			•						
	EB	204				•			•						
	WB	205				•			•						
	WB	256				•		•	•						
	EB	269				•			•						
	WB	271				•			•						
	EB	299				•			•						
	WB	310				•		•	•						
	EB	312				•		•	•						
	WB	314	•			•									•

Notes: 1) Welcome Center nb, Rest Area sb. RV Dump at Welcome Center; 2) Welcome Center sb, Rest Area nb; 3) Welcome Center eb, Rest Area wb.

⬠	Exit	*	W	S	K	T
35	72		E			
	109		E			E
	116		W			
40	65				N	
	82		N			
	123		N			
	136		N			
	144		N	S		
	185		N			
	186		S+			

⬠	Exit	*	W	S	K	T
	240AB		N			
	264AB		N+			
	311		N			
44	80		E			
	108		W			
	228					S
	233					S
	196			S		
	289		N			
240	1C			N		

Oregon

Rest Area Usage: There is a 12 hour stay limit and overnight parking is permitted. Camping is not allowed.

Weather Information: Pendleton, 541-276-0103; Portland, 503-243-7575.

Road Conditions: 503-588-2941, 800-977-6368 (winter).

State Police: *General*, 503-378-2575; *Emergency*, 911.

Tourism Contact: Oregon Tourism Commission, 775 Summer St NE,

Salem OR 97310. *Phone*: 800-547-7842. *Internet*: www.traveloregon.com.

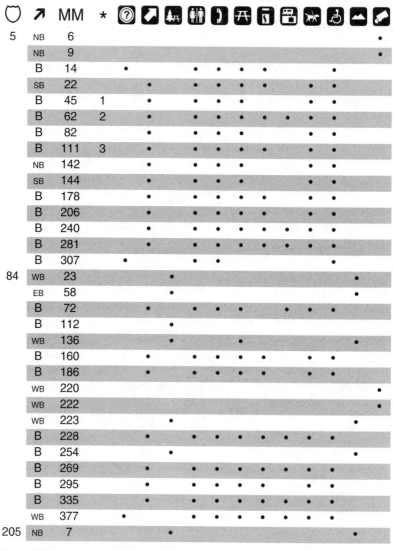

Route	Dir	MM	Note
5	NB	6	
	NB	9	
	B	14	
	SB	22	
	B	45	1
	B	62	2
	B	82	
	B	111	3
	NB	142	
	SB	144	
	B	178	
	B	206	
	B	240	
	B	281	
	B	307	
84	WB	23	
	EB	58	
	B	72	
	B	112	
	WB	136	
	B	160	
	B	186	
	WB	220	
	WB	222	
	WB	223	
	B	228	
	B	254	
	B	269	
	B	295	
	B	335	
	WB	377	
205	NB	7	

Notes: 1) West at exit to Rest Area; 2) Vending Machines sb only; 3) Vending Machines nb only.

Route	Exit	*	W	S	K	T
5	21		W			
	27			W		
	30				W	
	55		W			

Route	Exit	*	W	S	K	T
	58		W			
	174			E		
	195AB					E
	234				W	

⬡	Exit	*	W	S	K	T
	253			w		
	271	E				
	289			w		
	308				w	
84	62		s			
	83				s	

⬡	Exit	*	W	S	K	T
	209		N		s	
	261		N			
	376		N		N	
205	13				w	
	14					w
	28	1	w			
	30	1				w

Notes: 1) in Washington.

Pennsylvania

Rest Area Usage: There is a 2 hour stay limit unless otherwise posted. No camping or overnight parking is permitted.
Weather Information: Philadelphia, 215-936-1212; Pittsburgh, 412-936-1212; Warren, 814-726-1600.
Road Conditions: 800-331-3414, 888-783-6783 (interstate), 717-939-9551 (turnpike, weekdays).
State Police: *General*, 717-783-5599; *Emergency*, 717-787-7777.
Tourism Contact: Pennsylvania Center For Travel, Tourism, & Film, Room 404, Forum Bldg, Harrisburg PA 17120. *Phone*: 800-847-4872. *Internet*: www.experiencepa.com.

⬡	↗	MM	*	?	▱	🌲	🚻	☎	⛱	▣	🏢	🐕	♿	⛰	🍼
70	EB	5	•			•	•	•	•			•	•	
	EB	156		•		•	•	•	•			•	•	
	WB	173	•			•	•	•	•			•	•	
76/Tpk	EB	2		•										
	EB	6		•			•							
	EB	13		•										
	EB	17		•			•							
	EB	22		•		•	•		•				•	
	EB	23		•			•							
	EB	26		•			•							
	EB	41		•										
	EB	61		•			•							
	WB	94		•			•							
	WB	142		•										
	WB	150		•										
	EB	202		•			•							
	EB	204		•			•							
	EB	215		•			•							
	EB	224		•			•							
	EB	237		•			•							

Hwy	↗	MM	*	(info)	(icon)	(camp)	(restroom)	(phone)	(picnic)	(icon)	(vending)	(pets)	(handicap)	(scenic)	(icon)
	B	253			•										
	WB	255			•			•							
	B	262			•			•							
	EB	264			•			•							
	B	269			•			•							
	EB	291			•			•							
	B	294			•			•							
	EB	297			•			•							
	WB	300			•			•							
	WB	352		•		•	•			•	•			•	
78	WB	76		•		•	•	•	•			•	•		
79	NB	6		•		•	•	•	•			•	•		
	SB	31				•									
	B	50			•		•	•	•	•		•	•		
	B	81			•		•	•							
	NB	107			•		•	•	•	•		•	•		
	SB	110			•		•	•	•	•		•	•		
	B	135			•		•	•	•	•		•	•		
	B	163				•	•	•	•	•		•	•		
80	EB	1		•			•	•	•	•		•	•		
	B	30			•		•	•	•	•		•	•		
	B	56				•									
	B	87			•		•	•	•	•		•	•		
	B	146			•		•	•	•	•		•	•		
	EB	171				•			•						
	B	194			•		•	•	•	•		•	•		
	EB	219			•		•	•	•	•		•	•		
	B	246			•		•	•	•	•		•	•		
	EB	270			•		•	•	•	•		•	•		
	EB	295			•		•	•	•	•		•	•		
	B	310	1	•	•		•	•	•	•		•	•		
81	NB	2			•		•	•	•	•		•	•		
	NB	7				•									
	B	38			•		•	•	•	•		•	•		
	B	79				•	•	•	•	•		•	•		
	B	132				•									
	NB	135				•										•
	NB	156			•		•	•	•	•		•	•		
	SB	157				•	•	•	•	•		•	•		
	NB	203			•		•	•	•	•		•	•		
	SB	209		•			•	•	•			•	•		
83	NB	2			•		•	•	•	•		•	•		

🛡	↗	MM	★	ⓘ	🖼	🌲	🚻	☎	⛱	▫	🏧	🐾	♿	🏞	⛽
	NB	33	•												
	SB	35	•												
84	B	26			•		•	•	•	•	•		•	•	
	B	53	2	•			•	•	•	•	•		•	•	
90	EB	2		•			•	•	•	•	•		•	•	
	WB	46		•			•	•	•	•	•		•	•	
95	NB	0.5		•			•	•	•				•	•	
	SB	49		•			•	•	•	•			•	•	

Notes: 1) South at exit 53 to Welcome Center/Rest Area; 2) North at exit 11 to Welcome Center.

🛡	Exit	★	W	S	K	T
70	7AB		S		S	
	20AB		S		S	
76/TPK	3		N		N	
79	7AB		S		S	
	12			E		
	22					E
	25		W		W	
	36		W		W	
	43				W	
80	9		N		N	
	17		S+		S+	
	19		S			
	51		N+		N+	
81	5				W	
	15				W+	
	21				E	

🛡	Exit	★	W	S	K	T
	36				E	
	45				W	
	48		E			
	57		E	E	E	
83	1		W		W	
	7				E	
84	11		S		S	
90	6		N	N	N	
95	15				W	
	16		E			
	23				W	
	28			E	E	
276	28					N
279	5				W	
376	9				S	

Rhode Island

Rest Area Usage: There is no limit to length of stay and overnight parking is permitted. No camping is allowed.
Weather Information: Providence, 401-976-5555.
Road Conditions: 401-222-2468 (weekdays).
State Police: *General*, 401-444-1000; *Emergency*, 401-444-1111.
Tourism Contact: Rhode Island Tourism Division, 1 W Exchange St, Providence RI 02903. *Phone*: 800-556-2484. *Fax*: 401-273-8270. *Internet*: www.visitrhodeisland.com.

🛡	↗	MM	★	ⓘ	🖼	🌲	🚻	☎	⛱	▫	🏧	🐾	♿	🏞	⛽
95	NB	6	•				•	•	•	•	•		•	•	
295	B	19				•		•							

⬭	Exit	*	W S K T		⬭	Exit	*	W S K T
295	2		W			4		E
						1AB	1	E

Notes: 1) in Massachusetts

South Carolina

Rest Area Usage: There is no limit to length of stay, however, no camping or overnight parking is permitted.
Weather Information: Charleston, 843-744-3207; Columbia, 803-822-8135; Greenville, 864-848-3859.
Road Conditions: 803-896-9621.
State Police: *General*, 803-896-9621; *Emergency*, Same.
Tourism Contact: South Carolina Department Of Parks, Recreation, & Tourism, 1205 Pendleton St, Columbia SC 29201. *Phone*: 888-727-6453. *Fax*: 803-734-0138. *Internet*: www.travelsc.com.

⬭	↗	MM	*	?	↗	⛺	👫	)	⛱	🛢	🏪	🐾	♿	⛰	🔪
20	EB	0.5		•			•	•	•	•			•	•	
	B	20				•									
	B	48				•			•						
	B	93			•		•	•	•	•			•	•	
	B	129				•									
26	EB	3		•			•	•	•	•			•	•	
	B	9				•									
	B	43				•			•						
	B	63			•		•	•	•	•			•	•	
	EB	84				•									
	WB	88				•									
	B	123			•		•	•	•	•			•	•	
	EB	150		•			•	•	•	•			•	•	
	WB	152			•		•	•	•	•			•	•	
	WB	202			•		•	•	•	•			•	•	
	EB	204			•		•	•	•	•			•	•	
77	B	66			•		•	•	•	•			•	•	
	SB	89		•			•	•	•	•			•	•	
85	NB	0.5		•			•	•	•	•			•	•	
	NB	18			•		•	•	•	•			•	•	
	SB	23			•		•	•	•	•			•	•	
	B	89			•		•	•	•	•			•	•	
	SB	103		•			•	•	•	•			•	•	
95	NB	4		•			•	•	•	•			•	•	
	B	17				•									
	B	47			•		•	•	•	•			•	•	

🛡	↗	MM	✱	①	②	③	④	⑤	⑥	⑦	⑧	⑨	⑩	⑪	⑫
	B	74				•									
	B	99			•		•	•	•	•	•			•	•
	B	139			•		•	•	•	•				•	•
	B	172			•		•	•	•	•	•			•	•
	SB	196	•				•	•	•	•	•			•	•
385	B	6			•		•	•	•	•	•			•	•

🛡	Exit	✱	W	S	K	T
20	74				s	
26	21AB		s	s	N	
	103		s	s		
	108				N	s
	111AB		N			
	199AB		s			
	209		N			
77	9AB		E			
	12		w	w		
	79		E			
	82AB					w

🛡	Exit	✱	W	S	K	T
85	48AB		w	w		
	51					w
	92			E		
95	57		E		E	
	119		E+			
	160A		E	E+	E+	
385	27		w		w	
	35		E			
	37					w
526	11AB		w			
	32		E		w	

South Dakota

Rest Area Usage: There is a 4 hour stay limit, no camping or overnight parking is permitted.
Weather Information: Rapid City, 605-341-7531; Sioux Falls, 605-330-4444.
Road Conditions: 605-367-5707.
State Police: *General*, 605-773-3105; *Emergency*, 605-773-3536.
Tourism Contact: South Dakota Tourism, 711 E Wells Ave, Pierre SD 57501. *Phone*: 800-732-5682 and 800-952-3625. *Fax*: 605-773-3256. *Internet*: www.travelsd.com.

🛡	↗	MM	✱	①	②	③	④	⑤	⑥	⑦	⑧	⑨	⑩	⑪	⑫
29	B	26	•	•			•	•	•				•	•	•
	B	40			•										
	B	103			•										
	B	121			•		•	•	•	•	•			•	•
	B	161			•		•	•	•					•	•
	B	213			•		•	•	•	•				•	•
	SB	251	•				•	•	•				•	•	•
90	EB	1	•				•	•	•				•	•	
	B	42			•		•	•	•	•	•		•	•	•	•

⬡	↗	MM	★	?	✦	⛺	🚻	📞	🍽	⛽	🏨	🐾	♿	⛰	🔦
B		69			•										
B		100			•		•	•	•	•		•	•	•	
EB		129			•										•
WB		138			•	•									•
EB		165			•		•	•	•		•	•	•		
WB		167			•		•	•	•		•	•	•		
B		188			•										
B		194			•										
EB		218			•		•	•	•		•	•	•		
WB		221			•		•	•	•		•	•	•		
B		264			•		•	•	•		•		•	•	
B		293			•										
EB		301			•		•	•	•		•		•		
WB		302			•		•	•	•		•		•		
B		337			•										
B		363			•		•	•	•		•	•	•		
B		412	1	•	•		•	•	•		•	•	•		

Notes: 1) Welcome Center wb, Rest Area eb. RV Dump wb only.

⬡	Exit	★	W	S	K	T
29	77		E	E		E
	78			E		
	79				E	
	132		W		W	
	177		W+		W+	W+
90	10		S			

⬡	Exit	★	W	S	K	T
	14				S	
	58					N
	59		S	S		
	60					S+
	332				N	
229	3					W+
	6				E	

Tennessee

Rest Area Usage: There is a 2 hour stay limit, no camping or overnight parking is permitted.

Weather Information: Knoxville, 423-521-6300; Memphis, 901-522-8888; Nashville, 615-244-9393.

Road Conditions: 800-858-6349.

State Police: *General*, 615-741-3181; *Emergency*, 615-741-2060.

Tourism Contact: Tennessee Department Of Tourist Development, 320 Sixth Ave N, 5th Floor, Nashville TN 37243. *Phone*: 800-836-6200. *Fax*: 615-741-7225. *Internet*: www.state.tn.us/tourdev.

⬡	↗	MM	★	?	✦	⛺	🚻	📞	🍽	⛽	🏨	🐾	♿	⛰	🔦
24	EB	0.5		•			•	•	•		•			•	•

🛡	↗	MM	★	ⓘ	🗺	⛺	🚻	☎	🍴	⛽	🏪	🐾	♿	⛰	🍾
	B	119				•									
	B	133			•		•	•	•	•		•	•		
	EB	136	1												•
	EB	137	1												•
	B	160	2	•	•		•	•	•	•		•	•		
	EB	171		•			•	•	•	•		•	•		
40	B	73			•		•	•	•	•		•	•		
	WB	102				•									
	EB	103				•		•							
	B	130			•		•	•	•	•		•	•		
	B	170			•		•	•	•	•		•	•		
	EB	226				•									
	WB	228				•									
	B	252				•			•						
	B	267		•			•	•	•	•		•	•		
	EB	305				•									
	WB	306				•									
	EB	324			•		•	•	•	•		•	•		
	WB	327			•		•	•	•	•		•	•		
	EB	336				•									
	WB	340			•		•	•	•	•		•	•		
	EB	362				•			•						
	WB	363				•		•							
	EB	420			•		•	•	•	•		•	•		
	WB	425			•		•	•	•	•		•	•		
	WB	446		•			•	•	•	•		•	•		
55	NB	3		•			•	•	•	•		•	•		
65	NB	3		•			•	•	•			•	•		
	NB	48				•									
	SB	121		•			•	•	•	•		•	•		
75	NB	0.5		•			•	•	•	•		•	•		
	SB	13				•		•							
	SB	16				•								•	
	NB	23				•									
	B	45			•		•	•	•	•		•	•		
	SB	147				•									
	SB	161		•			•	•	•	•		•	•		
81	SB	2			•		•	•	•	•		•	•		
	NB	38			•		•	•	•	•		•	•		
	SB	41			•		•	•	•	•		•	•		
	SB	75		•			•	•	•	•		•	•		

Notes: 1) Runaway Truck Ramp exit on the left; 2) Welcome Center wb, Rest Area eb.

⬡	Exit	★	W	S	K	T
24	4		S	S	S	S
	56			N		
	60					S
	78		N	S		N
	114		S			
	152		N			
	184				S	
40	12A			S	S	
	12		S			
	16AB					N
	18		N			
	80AB		N	N	S	
	199			S		
	201AB		N			
	216				N	
	238		N			
	287		N	N		
	317		S			
	347		S+			

Notes: 1) follows I-640 numbering.

⬡	Exit	★	W	S	K	T
	379		N			
	380				S	
	394			N		
	435		S			
65	65		W		W	
	69					W
	90AB			E		
	96		E	E		E
	97				E	
75	5		E		E	
	27		E+		E+	
	379	1	N			
	380	1			S	
	3B	1				N
81	63			W		
240	17		S			
	20AB			N		
440	2				S	
640	6				S	N
	8			N	N	

Texas

Rest Area Usage: There is a 24 hour stay limit, overnight parking is permitted. No camping is allowed.
Weather Information: Amarillo, 806-335-1121; Dallas, 214-787-1111; Houston, 713-529-4444; Odessa, 915-563-9292; San Antonio, 210-225-0404.
Road Conditions: 800-452-9292 (weekdays).
State Police: *General*, 210-533-9171; *Emergency*, 800-525-5555.
Tourism Contact: Texas Department Of Economic Development, PO Box 12728, Austin TX 78711-2728. *Phone*: 800-888-8839. *Internet*: www.traveltex.com.

⬡	↗	MM	★	ⓘ	⤢	🏕	🚻	👫	🏕	🍴	🛢	🏪	✈	♿	⛰	✏
10	EB	0.5		•				•	•	•				•	•	
	B	50				•			•		•			•	•	
	EB	98					•			•						
	B	99					•			•						
	WB	136					•									•
	B	144				•		•	•	•				•	•	
	B	185					•			•						
	B	233				•		•	•	•				•	•	

○	↗	MM	✲	ⓘ	🡵	⛺	🚻	☎	🍽	⬙	🝛	🐾	♿	🏞	⬙
	WB	273				•			•						
	EB	279				•			•						
	B	308			•		•	•	•				•	•		
	EB	346				•										
	WB	349				•										
	B	394			•		•	•	•				•	•	•	
	B	423				•										
	WB	459				•			•							
	EB	461				•			•							
	B	497				•			•							
	B	503				•										•
	B	514			•		•	•	•	•	•		•	•		
	EB	529				•			•							
	WB	531				•			•							
	B	590			•		•	•	•			•	•	•		
	EB	621			•		•	•	•	•			•	•		
	WB	622			•		•	•	•	•			•	•		
	B	657				•			•							
	B	692			•		•	•	•	•	•		•	•		
	WB	701				•			•							
	B	730				•			•							
	B	789			•		•	•	•				•	•		
	B	837				•			•					•		
	B	868			•		•		•	•				•		
	WB	879		•			•	•	•				•	•		
20	B	25				•			•					•		
	B	69			•		•	•	•				•	•		
	EB	103				•										
	B	142			•		•	•	•			•	•	•		
	B	168				•			•							
	EB	191			•		•	•	•				•	•		
	WB	204			•		•	•	•				•	•		
	EB	228				•			•					•		
	WB	229				•			•							
	B	256			•		•	•	•	•			•	•		
	B	296			•		•		•					•		
	EB	327				•			•					•		
	WB	329				•			•					•		
	WB	362				•			•							
	EB	363				•			•							
	B	390			•		•	•	•	•			•	•		
	B	510			•		•	•	•	•			•	•		

🛡	↗	MM	★	ℹ️	↗	🌲	🚻	☎	🏕	⛽	🏪	🐴	♿	⛰	📷
	B	538			•		•	•	•	•	•	•	•	•	
	B	574				•			•					•	
	B	608			•		•	•	•	•				•	
	EB	636				•									
	WB	635		•			•	•	•			•	•	•	
27	B	29			•		•	•	•				•	•	
	B	70				•									
	B	97				•									
30	B	143			•		•	•	•	•			•	•	
	B	191			•		•	•	•	•			•	•	
	WB	223		•			•	•	•	•			•	•	
35	NB	6		•			•	•	•					•	
	SB	15				•			•						
	B	18	1	•			•	•	•				•	•	
	B	59				•			•					•	
	B	93				•			•					•	
	B	130			•		•	•	•	•	•		•	•	
	B	180			•		•	•	•	•	•	•	•	•	
	NB	211			•		•	•	•	•			•	•	
	SB	212			•		•	•	•	•			•	•	
	NB	255			•		•	•	•	•			•	•	
	SB	257			•		•	•	•	•			•	•	
	NB	281			•		•	•	•	•			•	•	
	SB	282			•		•	•	•	•			•	•	
	B	311				•			•					•	
	B	318				•			•					•	
	B	345				•			•						
	B	392	2		•		•	•	•	•			•	•	
	NB	490			•		•	•	•	•				•	
	SB	492			•		•	•	•	•		•		•	
	SB	502		•			•	•	•					•	
	B	503				•									
35W	B	7	3		•		•	•	•					•	
	B	8	4		•		•	•	•					•	
	NB	31			•		•	•	•					•	
	SB	32			•		•	•	•					•	
	B	76				•			•						
37	NB	19			•		•	•	•	•			•	•	
	SB	20			•		•	•	•	•			•	•	
	NB	42				•									
	SB	44				•									
	SB	56				•									

Loc	Dir	MM	*	ⓘ	⚡	🌲	🚻	📞	🍴	⛽	🏪	🐎	♿	🏞	✏
	NB	78		•		•	•	•					•		
	SB	82			•		•	•	•				•		
	B	112				•		•					•		
40	B	13				•		•							
	B	32				•		•							
	EB	53				•									
	WB	55				•									
	B	86			•		•	•	•				•	•	
	EB	106				•		•							
	WB	108				•									
	EB	129				•		•							
	WB	131				•		•	•						
	EB	149		•		•		•					•	•	
	WB	150			•		•	•	•		•		•	•	
	EB	173				•		•							
	WB	175				•		•							
44	B	9		•		•	•	•					•	•	
45	NB	101			•		•	•	•	•			•	•	
	B	105				•		•	•						
	NB	124			•		•	•	•	•	•	•	•	•	
	SB	125		•			•	•	•	•	•	•	•	•	
	NB	155				•		•					•		
	SB	160				•		•					•		
	B	187				•		•							
	B	216		•			•	•	•	•	•		•	•	

Notes: 1) East at exit to Welcome Center; 2) Follows I-35E numbering; 3) East at exit to Rest Area; 4) West at exit to Rest Area.

♡	Exit	*	W	S	K	T
10	11		N	S		
	13AB					N
	24B					N
	26		N	N		
	28A				N	
	28B		N			
	257		S			
	508		S+			
	558		S			N
	696		N			
	720		S			
	747		N			S

♡	Exit	*	W	S	K	T
	751			S		
	753B				N	
	757		N			
	758A					S
	780		S	S		
	861A		S			
20	42		N			
	244				S	
	343		N			
	407		N			
	408		N			
	439			S		

Route	Exit	*	W	S	K	T
	449		s		s	N
	456					N
	463				s	s
	465			s		
27	49		w		w	
30	7AB		N	N	N	s
	24		N			s
	30				s	
	52A		s	s	s	
	58				N	
	59				N	
	67B		N			s
	93AB		s			
	124		s			
	201		s			
	220A		s	s		
	220B			N		s
	223AB		s		s	
35	3A				w	E
	3B		w			
	4					E
	150B					w
	155B				E	
	165		E			E
	169				w	
	170			w		
	186		E			w
	189				E	
	205		E			w
	228				E	E
	229		E	E		
	239		E			
	240A		E			
	250		E			E
	261		E			
	299				E	
	330		w+		w+	
	337			E		
	338A	1		E		
	339		E			
	368A		w			
	414	2	E			

Route	Exit	*	W	S	K	T
	415	2			w	
	421A	2			E	
	421B	2	w			
	448AB	2				w
	452	2	w	w		
	464	2	E			
	469				E	
35W	135				w	
	38				w	
	14		w			
40	64				s	s
	68B				s	
	71			s		
	72B		s			
44	13		w			
45	1A		w+		w+	
	25		w		E	
	26				E	w
	33		w	w		
	34				w	w
	41B				w	
	59		w	w		
	60A		w			
	61					w
	64			E		
	66					w
	68			E		
	77					w
	84				w	
	87					w
	88		w	w		
	116		w			
	251		w			
410	7				w	w
	9		w			
	14		N	N		
	15				N	
	17					N
	21		s			
	165	3	E			E
610	1AB			s		
	9					E

⬭ Exit	*	W	S	K	T
635 1B				w	
2		W			
7					E
22A			N		
23		N			
31					S

⬭ Exit	*	W	S	K	T
820 10AB		W			
20B			N		
23					E
24A			W		
27		W			

Notes: 1) from northbound; 2) follows I-35E numbering; 3) follows I-35 numbering.

Utah

Rest Area Usage: There is no limit to length of stay and overnight parking is permitted. Camping is not allowed.
Weather Information: Salt Lake City, 801-524-5133.
Road Conditions: 801-964-6000 (winter).
State Police: *General*, 801-965-4518; *Emergency*, 801-576-8606.
Tourism Contact: Utah Travel Council, Council Hall, Capitol Hill, 300 N State St, Salt Lake City UT 84114. *Phone*: 800-200-1160. *Fax*: 801-538-1399. *Internet*: www.utah.com.

⬭	↗	MM	*	?	🗺	⛺	🚻	）	🏓	📦	🐾	♿	🏔	📣
15	NB	2		•		•	•	•				•	•	
	B	44		•		•	•	•				•	•	
	B	88		•		•	•	•	•			•	•	
	NB	126		•		•	•	•	•			•	•	
	SB	137		•		•		•	•			•	•	
	NB	151			•									•
	SB	153			•									•
	NB	363		•		•	•	•	•			•	•	
	SB	370		•		•	•	•	•			•	•	
70	EB	16												•
	B	84		•		•						•	•	
	B	102		•		•						•	•	
	B	114		•		•							•	
	B	120		•		•							•	
	EB	139												•
	B	140		•		•						•	•	
	EB	141												•
	WB	144		•		•						•	•	
	EB	178		•		•		•				•	•	
	WB	188	•			•	•	•				•		
	WB	226		•	•		•					•	•	

🛡	↗	MM	★	❓	↗	⛺	🚻	🚹	🪑	⛽	🏪	🐾	♿	⛰	✏️
80	B	10		•		•	•	•	•	•			•	•	
	WB	54				•								•	
	B	56		•		•	•	•					•	•	
	WB	101				•								•	
	WB	136													•
	EB	144				•								•	
	WB	147		•		•	•	•	•	•			•	•	
	B	166				•								•	
	B	170	1	•	•	•	•	•	•	•	•	•	•	•	
84	NB	363	2			•	•	•	•	•			•	•	
	SB	370	2			•	•	•	•	•			•	•	
	EB	91				•		•		•			•	•	
	WB	94				•		•		•			•	•	
	B	111				•								•	

Notes: 1) Welcome Center wb, Rest Area eb; 2) Follows I-15 numbering.

🛡	Exit	★	W	S	K	T		🛡	Exit	★	W	S	K	T
15	10		E						326					E+
	57		E+		E+				334		W	W		
	260				E				335					E
	261				E				342		E			E
	266			E	E				344AB				E+	E+
	272		E						364				E	
	279		E+				70		37				S+	
	281				E		80		145		S		S	
	297					E	84		344AB	1			E+	E+
	318				E				364	1			E	
	322					E			81		N			N
							215		11				S	

Notes: 1) follows I-15 numbering.

Vermont

Rest Area Usage: There is no limit to length of stay, however, no camping or overnight parking is permitted.

Weather Information: Burlington, 802-862-2475.

Road Conditions: 802-828-2648 (weekdays), 800-ICY-ROAD (winter).

State Police: *General*, 802-244-8727; *Emergency*, 911.

Tourism Contact: Vermont Department Of Tourism, 6 Baldwin St, Drawer 33, Montpelier VT 05633. *Phone*: 800-837-6668. *Internet*: www.travel-vermont.com.

🛡	↗	MM	★	?	↗	🏕	🚻	🚹	🍽	🗑	🏪	🐕	♿	🏞	🪵
89	B	9			•		•	•	•	•					
	B	34			•		•	•	•				•		
	NB	66				•									
	SB	67				•									
	B	82			•		•	•	•	•	•		•	•	
	B	111			•		•	•	•	•	•		•	•	
	SB	129			•		•	•	•	•			•		
91	NB	3		•			•	•	•	•			•	•	
	B	24				•		•							
	B	39				•		•							
	B	68			•		•	•	•	•			•	•	
	B	100		•			•	•	•	•			•	•	
	NB	114				•									
	SB	115				•									
	NB	122				•								•	
	SB	141			•		•	•	•	•			•		
	NB	143				•								•	
	NB	154				•									
	B	167				•		•							
	SB	176		•			•	•	•				•	•	
93	NB	1			•		•	•	•	•			•	•	

🛡	Exit	★	W S K T
89	12		E

🛡	Exit	★	W S K T
	16		E

Virginia

Rest Area Usage: There is a 2 hour stay limit unless otherwise posted. No camping or overnight parking is permitted.
Weather Information: Norfolk, 757-666-1212; Richmond, 804-268-1212; Roanoke, 540-982-2303.
Road Conditions: 800-367-7623.
State Police: *General*, 804-674-2000; *Emergency*, 804-553-3444.
Tourism Contact: Virginia Tourism Corp, 901 E Byrd St, Richmond VA 23219. *Phone*: 800-847-4882. *Internet*: www.virginia.org.

🛡	↗	MM	★	?	↗	🏕	🚻	🚹	🍽	🗑	🏪	🐕	♿	🏞	🪵
64	EB	2			•		•	•	•				•	•	
	SB	199	1		•		•	•	•	•	•		•	•	
	EB	100				•									•
	EB	104				•									•

Route	Dir	MM	★	❓	↗	🌲	👩	👨	☎	🎪	⛽	🏪	🐾	♿	⛰	📷
	EB	105				•		•	•	•	•			•	•		
	WB	113		•				•	•	•	•			•	•		
	WB	168		•				•	•	•	•			•	•		
	EB	169		•				•	•	•	•			•	•		
	B	213		•				•	•	•	•			•	•		
66	B	48	•					•	•	•				•	•		
77	NB	0.5	•					•	•	•				•	•		
	SB	3															•
	SB	4															•
	SB	6															•
	NB	56															•
	NB	59		•				•	•	•	•			•	•		
	SB	61	•					•	•	•	•			•	•		
81	NB	0.5	•					•	•	•	•			•	•		
	SB	53		•				•	•	•	•			•	•		
	NB	61		•				•	•	•	•			•	•		
	B	108		•				•	•	•	•			•	•		
	NB	129		•				•	•	•	•			•	•		
	SB	158		•				•	•	•	•			•	•		
	SB	199		•				•	•	•	•			•	•		
	B	232		•				•	•	•	•			•	•		
	B	262		•				•	•	•	•					•	
	SB	320	•					•	•	•	•			•	•		
85	NB	1	•					•	•	•	•			•	•		
	B	32		•				•	•	•	•			•	•		
	B	55		•				•	•	•	•			•	•		
95	NB	1	•					•	•	•	•			•	•		
	NB	37		•				•	•	•	•			•	•		
	B	107		•				•	•	•	•			•	•		
	SB	131		•				•	•	•	•			•	•		
	B	155		•				•	•	•	•			•	•		

Notes: 1) Follows I-81 numbering.

Route	Exit	★	W	S	K	T
64	14		s			
	16			S		
	55		N			
	178AB		S+			S+
	183			N		
	195			N+		
	255AB		N	N		S

Route	Exit	★	W	S	K	T
	256AB				N	
	263AB		N			N
	277AB					E
	279AB					E
	281				W	E
	286AB			E		
	289AB				N	S

	Exit	★ W	S	K	T
	290AB	S	S		
66	47	S		S	
	55	N			
81	1	E+			
	7	W			
	47			W	
	222	W			
	247	E		E	
	283	W			
	313	W		W	E
85	12	E			
95	54	E	E	E	E

	Exit	★ W	S	K	T
	61			W	W
	83AB	W			
	86				W
	130AB	W		W	W
	143AB	W			
	156			W	
	158AB				W
	160AB			E	
	169AB		W		
295	37AB	E+			
	43	S+			

Washington

Rest Area Usage: There is an 8 hour stay limit and overnight parking is permitted. No camping is allowed.
Weather Information: Seattle, 206-526-6087; Spokane, 509-624-8905.
Road Conditions: 206-368-4499, 888-766-4636 (winter Mountain Pass Report); Construction, 360-705-7075 (weekdays), 800-695-ROAD.
State Police: *General*, 360-753-6540; *Emergency*, 911.
Tourism Contact: Washington State Tourism, PO Box 42500, Olympia WA 98504. *Phone*: 800-544-1800. *Internet*: www.experiencewashington.com.

	↗	MM	★	?		🪵	👥					🐾	♿	⛺	
5	NB	11		•		•	•	•	•	•	•	•	•		
	SB	13		•		•	•	•	•	•	•	•	•		
	B	55		•		•	•	•	•			•	•		
	NB	91		•		•	•	•	•	•		•	•		
	SB	93		•		•	•	•	•			•	•		
	B	141		•		•	•	•	•	•		•	•		
	SB	188		•		•	•	•		•		•			
	B	208		•		•	•	•	•	•	•	•	•		
	B	238		•		•	•	•	•			•	•		
	NB	267		•		•	•	•	•	•		•	•		
	SB	269	•			•	•	•		•		•			
82	B	8				•									•
	WB	22		•		•	•	•		•	•	•	•		
	EB	24		•		•	•	•	•	•	•	•	•		
	B	80		•		•	•	•					•		
	B	1	1	•		•	•						•		
90	B	89		•		•	•	•	•	•	•	•	•		

🛡 ↗ MM ★ ℹ️ 📋 🏕️ 🚻 ☎️ 🍴 🏠 🏪 🐕 ♿ 🏞️ ✏️

	↗	MM	★	ℹ️	📋	🏕️	🚻	☎️	🍴	🏠	🏪	🐕	♿	🏞️	✏️
	B	126			•		•	•	•				•	•	
	B	139					•								•
	EB	161			•		•	•	•			•	•	•	
	WB	162			•		•	•	•			•	•	•	
	B	199			•		•	•	•	•	•	•	•	•	
	B	242			•		•	•	•			•	•	•	
	B	299	•				•	•	•				•	•	

Notes: 1) In Oregon.

🛡	Exit	★	W	S	K	T		🛡	Exit	★	W	S	K	T
5	39					W		82	256B					E
	79		W		W				33			N		S
	108				W				34				N	
	109				W				69			N	N	
	136AB			E				90	15					S
	143				W	W			285				N	
	154B					E			291		S		S	
	182				W			205	28		W			
	227		E						30					W
	230					E		405	1					E
	255				E				2		W		W	
	256A		E		E				10					E+

West Virginia

Rest Area Usage: There is no limit to length of stay, however, no camping or overnight parking is permitted.
Weather Information: Charleston, 304-345-2121.
Road Conditions: 304-558-2889.
State Police: *General,* 304-558-7777; *Emergency,* Same.
Tourism Contact: West Virginia Division Of Tourism, 2101 Washington St E, Bldg 17, Charleston WV 25305. *Phone:* 800-225-5982. *Internet:* www.callwva.com.

🛡 ↗ MM ★ ℹ️ 📋 🏕️ 🚻 ☎️ 🍴 🏠 🏪 🐕 ♿ 🏞️ ✏️

	↗	MM	★	ℹ️	📋	🏕️	🚻	☎️	🍴	🏠	🏪	🐕	♿	🏞️	✏️
64	EB	10		•			•	•	•			•	•		
	B	35			•		•	•	•	•	•	•	•		
	SB	69	1		•		•	•	•				•		
	EB	136													•
	EB	137													•
	WB	147													•

🛡	↗	MM	★	❓	➡	⛺	🚻	☎	🧺	🏚	🏧	🐕	♿	⛰	✏
	WB	179	•	•			•	•	•		•	•	•		
68	WB	12													•
	EB	17													•
70	WB	13		•			•	•	•	•	•	•	•	•	
77	B	9		•			•	•	•	•		•	•		
	NB	17				•	•	•	•	•		•			•
	SB	18		•			•				•		•		
	SB	69				•	•	•	•		•				
	B	166	2	•	•		•	•	•	•	•	•	•		
79	B	49				•	•	•	•	•	•	•	•		
	B	85		•			•	•	•		•	•	•		
	B	123				•	•	•	•	•	•	•	•		
	SB	159		•			•	•	•	•	•	•	•		
81	NB	2				•	•	•	•		•	•	•		
	SB	25		•			•	•	•			•	•		

Notes: 1) Follows I-77 numbering. 2) Welcome Center sb, Rest Area nb.

🛡	Exit	★	W	S	K	T		🛡	Exit	★	W	S	K	T
64	15		S						138			E		
	47		S					79	9					W
	95	1			E				99			E		
	169		S						119			E		E
68	7			N					132			E	E	
77	9					W			152					W
	95				E			81	12			E		

Notes: 1) follows I-77 numbering.

Wisconsin

Rest Area Usage: There is no limit to length of stay, however, no camping or overnight parking is permitted.

Weather Information: Green Bay, 920-432-1212; La Crosse, 608-784-9180; Milwaukee, 414-936-1212.

Road Conditions: 800-762-3947 (summer construction, winter weather).

State Police: *General*, 608-266-3212; *Emergency*, 608-846-8500.

Tourism Contact: Wisconsin Division Of Tourism, PO Box 55, Dodgeville WI 53533. *Phone*: 800-432-8747 *Internet*: www.travelwisconsin.com.

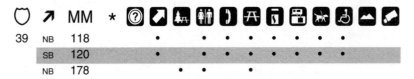

🛡	↗	MM	★	❓	➡	⛺	🚻	☎	🧺	🏚	🏧	🐕	♿	⛰	✏
39	NB	118		•			•	•	•	•	•	•	•		
	SB	120		•			•	•	•	•	•	•	•		
	NB	178			•	•		•							

⬡	↗	MM	*	?	⚐	🌲	🚻	👥	☎	⛱	⛽	🏬	🐾	♿	⛰	✎
	SB	183					•	•		•						
43	B	32			•		•	•	•	•	•	•	•	•	•	
	B	168			•		•	•	•	•	•			•	•	
90	EB	1		•			•	•	•	•	•			•	•	
	EB	20			•		•	•	•	•			•	•		
	WB	22			•		•	•	•	•	•			•	•	
	EB	74			•		•	•	•	•	•	•		•	•	
	WB	76			•		•	•	•	•	•	•		•	•	
	B	113			•		•	•	•	•	•	•		•	•	
	EB	168			•		•	•	•	•	•			•	•	
	WB	187		•			•	•	•	•			•	•		
94	B	2		•			•	•	•				•	•		
	B	43			•		•	•	•	•			•	•		
	EB	91			•		•	•	•	•			•	•		
	WB	94			•		•	•	•	•			•	•		
	WB	122			•		•	•	•	•	•		•	•	•	
	B	132			•		•	•	•	•			•	•		
	EB	74	1		•		•	•	•	•			•	•		
	WB	76	1		•		•	•	•	•			•	•		
	B	113	1		•		•	•	•	•	•	•	•	•		
	EB	261			•		•	•	•	•			•	•		
	WB	264			•		•	•	•	•			•	•		
	B	347		•			•	•	•					•		

Notes: 1) Follows I-90 numbering.

⬡	Exit	*	W	S	K	T
39	92		E		E	
	151			W		
	158		E			E
	161			W		
	188		E	E		
	191			W		
	208		W			
43	1AB		W			
	21			W		
	43		W			
	60		W			
	9AB	1			E	E
	92					W
	96		E			
	123				E+	

⬡	Exit	*	W	S	K	T
	126		E			
	149		E			
	183		W+		W+	
90	4		S	S	S	
	5					S
	25		N			
	69				S	
	135A				S	
	171BC		S		S	S
	185A		S			
94	2		S	S		
	41		N	S		
	116		S			
	69	2			S	
	135A	2				S

○	Exit	*	W	S	K	T
	282			N		
	287		S			S

○	Exit	*	W	S	K	T
	297			N+		S
	314A				E	E

Notes: 1) follows I-894 numbering; 2) follows I-90 numbering.

Wyoming

Rest Area Usage: There is no limit to length of stay, however, no camping or overnight parking is permitted.
Weather Information: Cheyenne, 307-635-9901; Sheridan, 307-672-2345.
Road Conditions: 307-772-0824 (weekdays), 888-996-7623; *Construction*, 307-777-4437 (weekdays).
State Police: *General*, 307-777-4321; *Emergency*, 800-442-9090.
Tourism Contact: Wyoming Division Of Tourism, I-25 at College Dr, Cheyenne WY 82002. *Phone*: 800-225-5996. *Fax*: 307-777-2877. *Internet*: www.wyomingtourism.org.

○	↗	MM	*	?	🗺	⛺	👫	🕐	🍴	⛽	🏨	🐕	♿	🏞	✎
25	B	7		•			•	•	•			•	•	•
	B	54			•		•	•	•			•	•	•
	B	65			•										
	NB	67			•										
	B	91			•			•			•		•	•	•
	B	126			•		•	•	•			•	•	•
	B	129			•										
	B	153			•										
	NB	171			•										
	SB	175			•										
	B	219			•										
	B	254			•		•	•	•			•	•	•
	B	274			•										
80	B	6		•			•	•	•			•	•	•
	B	14			•										
	B	27			•										
	EB	33			•										
	B	41			•		•	•	•			•		•
	WB	49			•										
	EB	54			•										
	B	60			•										
	B	71			•										
	B	135			•										
	B	143			•										

🛡	↗	MM	★	ⓘ	↗	⛺	🚻	☎	🍽	⬚	🚐	🐾	♿	🏞	🔨
	B	144				•		•	•	•		•	•	•	
	EB	189					•		•						
	WB	190					•								
	B	228			•		•	•	•		•	•	•		
	B	262					•								
	B	267			•		•	•	•			•	•		
	B	307					•								
	B	323			•		•	•	•	•		•	•		
	B	333					•								
	B	341					•								
	B	343					•								
	B	401			•		•	•	•	•		•	•		
90	WB	15					•								
	B	23			•		•	•	•		•	•	•		
	EB	31					•								
	WB	39					•								•
	B	59					•								
	B	68					•								
	B	88				•		•	•	•		•	•		
	B	110					•								
	B	138					•								
	B	153			•		•	•	•			•	•		
	B	163					•								
	B	171					•								
	B	177					•								
	B	189			•		•	•	•	•		•			

🛡	Exit	★	Ⓦ	Ⓢ	Ⓚ	Ⓣ
25	185		W	W	W	W
80	5		N			
	102		N		N	
	310					N+

🛡	Exit	★	Ⓦ	Ⓢ	Ⓚ	Ⓣ
	316		N+			
90	20					S
	25			S		
	126			S		S